La description de l'isle d'Utopie

FRENCH RENAISSANCE CLASSICS

Series published
under the editorship of

M. A. SCREECH, D.LITT
Professor of French Literature
University College London

S. R. PUBLISHERS LTD
JOHNSON REPRINT CORPORATION
MOUTON PUBLISHERS
1970

CLASSIQUES DE LA RENAISSANCE EN FRANCE

Série d'éditions publiées
sous la direction de
M. A. SCREECH, D.LITT
Professeur de français
University College London

S. R. PUBLISHERS LTD
JOHNSON REPRINT CORPORATION
MOUTON ÉDITEUR
1970

Thomas More

La description de l'isle d'Utopie

Introduction par

MICHEL JEANNERET

S. R. PUBLISHERS LTD.
JOHNSON REPRINT CORPORATION
MOUTON ÉDITEUR
1970

Reprinted 1970
by courtesy of the trustees of the British Museum
from the edition of Charles L'Angelier,
printed in Paris 1550
(British Museum Press-mark C 107-c-11)

The original copy
in the British Museum's Collection
measures $6\frac{1}{2}'' \times 4''$

SBN. 85409–205–6
Library of Congress Catalog Card No.78–114651

S. R. Publishers Ltd.
East Ardsley, Wakefield,
Yorkshire, England

Johnson Reprint Corporation
111 Fifth Avenue,
New York, N.Y. 10003, U.S.A.

Mouton
7 rue Dupuytren, Paris VIe, France
Herderstraat 5, The Hague, Netherlands

Printed in the Netherlands

Introduction

Les premiers contacts de More avec la France sont d'ordre personnel et politique; il se rend à Paris en 1508 et accomplit sa première mission à Calais en 1517. Il ne semble pas, lors de ces deux séjours, avoir laissé de souvenir marquant dans les cercles d'humanistes français. Sa notoriété date de la parution de l'*Utopia* à Louvain, en 1516, et se manifeste clairement dès l'année suivante, où paraît une deuxième édition latine du traité, à Paris, chez Gilles de Gourmont[1]: c'est que le texte, cette fois, est préfacé d'une lettre de Guillaume Budé à Thomas Lupset. L'appui de Budé devait valoir à Thomas More et son œuvre un lustre tout particulier, de même qu'un peu plus tôt, en 1511, la dédicace d'Erasme à More, pour son *Moriae Encomium*, avait garanti au savant anglais une réputation

1. *Ad lectorem. Habes, candide lector, opusculum illud vere aureum Thomae Mori non minus utile quam elegans de optimo reipublicae statu, deque nova Insula Utopia, iam iterum, sed multo correctius quam prius, hac Enchiridii forma ut vides multorum senatorum tum aliorum gravissimorum virorum suasu aeditum... Cui quidem ab innumeris mendis undequaque purgatio praeter Erasmi annotationes ac Budaei epistulam... Addita est etiam ipsius Mori epistula eruditissima...*, [Paris], Gilles de Gourmont, s.d. [1517]. Cette édition semble avoir paru sans l'approbation de More. Voir J. A. Gee, *The second Edition of the «Utopia», Paris, 1517*, in *Yale University Library Gazette*, 7 (1933), p.87–88.

internationale. Néanmoins, More a aussi ses ennemis: il attaque Germain de Brie, ou Brixius, qui lui réplique violemment dans son *Antimorus* publié à Paris en 1519.

Désormais apparaissent régulièrement, sous la plume de lettrés et d'érudits français, des allusions au personnage et à son livre. Si Nicolas Bourbon reproche au Chancelier son origine obscure, Bernardus Andreas se montre louangeur et Salmon Macrin adresse à More un poème. Geofroy Tory mentionne en passant l'*Utopie* et son auteur. Etienne Dolet s'en réclame également dans la querelle qui l'oppose, sur la question du style latin, à Erasme; il loue son talent littéraire et regrette les circonstances de sa mort. Barthelemy Aneau, dans l'édition du texte français de l'*Utopie* qu'il procure en 1559, rend bien sûr hommage au maître anglais. On relève encore des allusions chez Antoine Du Verdier, André Thevet, Guillaume Du Bartas et Jacques-Auguste de Thou.[2] Il

2. Nicolas Bourbon, *Nugae...*, Paris, M. de Vascosan, 1533, Livre 5, *Carmen* 144; Bernardus Andreas, *Hymni christiani...*, Paris, in Chalcographia Ascensiana, 1517; Salmon Macrin, ...*Carminum libri quatuor*..., Paris, Simon de Colines, 1530; Geofroy Tory mentionne les «lettres utopiques que j'apelle Utopiques pource que Morus Langlois les a baillees et figurees en son livre... Insula Utopia» in *Champ fleury...*, Paris, G. Tory et Giles Gourmont, 1529, f.73v°; Etienne Dolet, *Dialogus de imitatione Ciceroniana, adversus Desiderium Erasmum Roterodamum...*, Lyon, S. Gryphe, 1535 et *Commentariorum linguae latinae...*, Lyon, S. Gryphe, 1536–38; Barthelemy Aneau, *op.cit. infra;* Antoine Du Verdier, *La Prosographie ou description des personnes insignes...*, Lyon, Antoine Gryphe, 1573 et *Biblio-*

paraît donc probable que More soit alors «indubitablement le représentant le plus illustre de la pensée anglaise»[3] en France. Il reste que ces textes, à l'exception des témoignages importants de Budé, Aneau, et, naturellement, Erasme, sont plutôt superficiels et ne prouvent pas grand-chose. Hors des milieux cultivés, le public ne connaît de Thomas More que son traitement injuste sous Henri VIII.[4]

Au demeurant, la réputation et l'influence d'un auteur ne se mesurent pas simplement à quelques mentions chez ses contemporains. Il s'agit d'établir surtout l'ascendant exercé par ses idées; c'est pourquoi il faut examiner maintenant si l'*Utopia* a porté ou non quelque fruit.

*

* *

thèque françoise..., Paris, 1772–73, t.1; André Thevet, *Les Vrais pourtraits et vies des hommes illustres...*, Paris, Veuve J. Kervert et G. Chaudière, 1584; Guillaume Du Bartas, *La Seconde Sepmaine...*, Paris, P. L'Huillier, 1584, *Babylone*, v.620; Jacques-Auguste de Thou, ...*Historiarum sui temporis ab anno domini 1543...*, Genève, Pierre de La Rovière, 1626–30, Livre I, p.23.

3. G. Ascoli, *La Grande-Bretagne devant l'opinion française...*, p.187.

4. G. Ascoli, *ibid.*, p.227–31, attire l'attention sur un manuscrit de Soissons qui contient une *Elégie de feu Maistre Thomas Morus, en son vivant chancellier d'Angleterre*, dont il donne le texte. *Les Généalogies, effigies et épitaphes des roys de France...* de Jean Bouchet, Poitiers, Jacques Bouchet, 1545, contiennent une épitaphe de More.

Les limites de cette introduction ne permettent pas d'aborder le problème dans son ensemble; il conviendrait, pour être complet, de définir d'abord le genre littéraire de l'Utopie, de dépouiller ensuite les traités politiques, les satires sociales, les récits de voyage, authentiques ou fantastiques, de l'époque. Je me contenterai de mentionner ici les rapprochements déjà signalés entre le système de More et l'œuvre de quelques auteurs français, espérant susciter les approfondissements qui s'imposent.

Les spécialistes ne s'accordent guère, aujourd'hui, sur l'étendue des dettes de Rabelais à l'égard de More. L'emprunt de certains termes, au moins, est indiscutable: *Utopie*, *Achorie*, *Amaurotes* paraissent en 1532 déjà, dans *Pantagruel*. Il est plus difficile d'identifier les sphères où s'exerce en profondeur cette influence: faut-il voir dans Thaumaste une allusion au Chancelier? C'est douteux.[5] L'abbaye de Thélème et les voyages de Pantagruel doivent peut-être davantage, et de manière directe, à More, tandis que les nombreux thèmes communs – condamnation de la guerre, supériorité, dans un conflit, de la ruse sur la force brute, satire des moines et des pédants, goût pour la pédagogie – relèvent plutôt de préoccupations d'époque.

Il faut reconnaître également une communauté d'inspiration plutôt qu'une influence directe dans le rapprochement que suggère J. H. Hexter entre la république

5. Voir M. A. Screech, *The meaning of Thaumaste*..., in *Bibliothèque d'Humanisme et Renaissance*, 22 (1960), p.62–72.

idéale de More et l'organisation politique et sociale de Calvin à Genève. La discipline dans le travail, la subordination du bien-être personnel à l'intérêt de la communauté, la sobriété, autant de traits communs, qui se rattachent aux aspirations les plus profondes des humanistes: «In some measure Calvin created what More, but not More alone, yearned for – a more austere Christian life in a more rigorously Christian polity».[6]

Outre ces deux terrains de rencontre, assez bien explorés, d'autres rapports ont été établis. Guillaume Postel, dans son *De Orbis Terrae Concordia*,[7] retrouve quelques caractères de la république d'Utopie. Pierre Boaistuau de Launay, dans *L'Histoire de Chelidonius Tigurinus sur l'institution des princes chrestiens et origine des royaumes, traduite de latin en françois*,[8] se rapproche de More en soulevant la question de la meilleure forme de gouvernement. François de Saint-Thomas se souvient peut-être du modèle anglais en définissant les qualités du bon prince dans *La vraye forme de bien et heureusement regir et gouverner un royaume ou monarchie; ensemble le vray office d'un bon prince...*[9] Jean de La Madeleine traite également du roi parfait qui assurera le meilleur gouvernement possible dans son *Discours de l'estat et office d'un bon roy, prince ou monarque, pour bien et heureusement régner sur la terre et pour garder et maintenir ses*

6. J. H. Hexter, *More's «Utopia»*..., p.94.
7. S.l.n.d. [Paris, 1543].
8. Paris, V. Sertenas, 1559.
9. Lyon, J. Saugrain, 1569.

subjectz en paix, union et obéissance...[10] Quoique ses théories politiques ne comportent guère d'éléments utopiques, Jean Bodin cite fréquemment Thomas More dans *Les six livres de la Republique.*[11] François Beroalde de Verville donne la preuve, dans deux de ses œuvres, qu'il connaît bien le traité du Chancelier: *L'Idée de la République...*[12] et *L'Histoire véritable, ou le voyage des princes fortunez...*[13] Enfin *L'Estat, Description et Gouvernement des Royaumes et Republiques du Monde tant anciennes que modernes...*[14] de Gabriel Chappuys affiche une dette plus importante: dans le livre 24 et dernier, *De la Republique d'Utopie, Estat et Gouvernement d'icelle*, l'auteur loue d'abord Thomas More, explique ensuite son dessein,[15] puis présente une traduction du livre II de l'*Utopie*: manière élégante de boucler le traité en élevant le débat à une forme idéale de gouvernement.

Avec *Les Hermaphrodites...*[16] de Thomas Artus, le thème du voyage imaginaire prend la forme d'une satire: le dépaysement ne fait que fournir un revêtement allégorique à une attaque contre la corruption, l'immoralité et tous les vices de la cour de Henri III.

10. Paris, L. Brayer, 1575.
11. Paris, J. Du Puys, 1576.
12. Paris, T. Joüan, 1584.
13. Paris, P. Chevalier, 1610.
14. Paris, P. Cavellat, 1585.
15. «...estant fasché des mœurs corrompues de nostre siècle, [il] a escrit, avec ornement, ceste Republique gouvernee par bonnes loix, et reduite en grande paix et felicité, à fin que les hommes aprinssent, par sa tres aggreable fiction, à trouver le vray moyen de bien et heureusement vivre» (f.298r°).
16. S.l.n.d. [1605].

Mais il faut arriver en 1616 pour trouver, dans le domaine français, une création originale et nettement influencée par More: c'est l'*Histoire du grand et admirable royaume d'Antangil*...[17] A partir de ce moment-là, au XVIIe et au XVIIIe siècles, va s'épanouir vraiment le genre de l'Utopie et germer l'exemple de Thomas More. En comparaison, le XVIe siècle ne semble pas en avoir tiré grand parti. On s'étonne, par exemple, que Montaigne ne fasse jamais allusion à l'*Utopia*. Cependant, le seul fait qu'un auteur anglais soit traduit en français au milieu du XVIe siècle constitue un phénomène remarquable, et prête à l'entreprise de Le Blond une importance particulière.

*

* *

Jean Le Blond, Seigneur de Branville, est mal connu.[18] Né près d'Evreux, il fut avocat au Parlement de Normandie et mourut en 1553. Il eut, comme poète,[19] la mala-

17. F. Lachèvre, *La première Utopie française, Le Royaume d'Antangil, ...réimprimé sur l'unique édition de Saumur, 1616*, Paris, 1933.

18. Outre les références indiquées dans la bibliographie, on peut consulter aussi Abbé Goujet, *Bibliothèque françoise*..., Paris, 1740–56, t.11, p.106–12 et R. P. F. Martin, *Athenae Normannorum*, Caen, 1901, t.1, p.368–71.

19. *La Deploration sur le trespas de feu monseigneur le Daulphin de France*..., S.l.n.d. [Paris, 1536]; *Nuptiaulx virelayz du mariage du roy d'Escoce et de Madame Magdaleine de France*..., [Paris], Arnoul et Charles L'Angelier, [1537]; voir aussi note 21.

dresse de se poser en adversaire de Marot[20] et, par surcroît, le malheur de déplaire à Du Bellay.[21] Il intéresse davantage comme théoricien: avant que paraisse *Deffence et Illustration*, il publie un bref essai sur *la noblesse, grace, et tres-ancienne dignité de la langue Françoise*, [22] où il revendique l'antériorité et la supériorité de la langue et de la culture françaises sur toute autre. Résolument optimiste quant à l'emploi de la langue vulgaire, il appelle de ses vœux toutes les traductions possibles, comme faisaient ses contemporains, Marot et Sebillet.

Quoiqu'il ait laissé, en plus, une histoire manuscrite de la Normandie,[23] Le Blond s'impose surtout comme tra-

20. Voir C. A. Mayer, *Clément Marot et le Général de Caen.*

21. Voir *Deffence et Illustration...*, II, 11: ...*Invective contre les mauvais poëtes Françoys*: «O combien je desire voir secher ces *Printems...*»: c'est une allusion au recueil de vers de Le Blond intitulé *Le Printemps de l'Humble esperant, aultrement dict Jehan Leblond..., où sont comprins plusieurs petitz œuvres semez de fleurs, fruict et verdure qu'il a composez en son jeune aage, fort recreatifz...*, [Paris], A. L'Angelier, 1536.

22. *Preambule, touchant la noblesse, grace, et tres-ancienne dignité de la langue Françoise, qui peult estre une allumette à enflammer toutes personnes gentilles, à soy exercer audict languaige, et en la doulce faconde, et divine poesie d'iceluy*, en tête du *Livre de police humaine...*, Paris, C. L'Angelié (*sic*), 1546; ce volume est une traduction par Le Blond d'un abrégé par Gilles d'Aurigny des ouvrages politiques de F. Patrizzi. Sur le *Preambule...*, voir les articles cités de G. Charlier et R. E. Hallowell.

23. A la Bibliothèque Nationale, Paris. Voir l'article d'E. Deville.

ducteur;[24] la version de l'*Utopie* suffit à convaincre de son savoir-faire: il est à la fois fidèle et élégant[25] et il faut souhaiter que la présente réimpression suscite une étude qui rende justice à la qualité de son travail.

MICHEL JEANNERET

*

* *

24. Traductions: G. d'Aurigny, *Le Livre de police humaine... lequel a esté extraict des... amples volumes de François Patrice...*, Paris, C. L'Angelié, 1544; *Valère le Grand en françois, où sont comprins les faictz et dictz dignes de mémoire, tant des vertueux personnaiges que des vitieux... Ensemble le 10e livre dudict Valère, qui au paravant n'avoit esté mis en lumière*, Paris, 1548; Johann Carion, *Les Chroniques... avec les faictz et gestes du roy François, jusques au règne du roy Henry, deuxiesme de ce nom, à présent régnant...*, Paris, J. Ruelle, 1553.

Scholies: *Joan. Macri... Panegyricus de laudibus Mandubiorum, quo etiam retunduntur extraneorum in Gallos calumniae. Cum scholiis Jo. Blondii... et Jo. Caepiani...*, Paris, G. Guillard, 1556; *Joannis Macri Santinei, jurisperiti, de Prosperis Gallorum successibus libellus, quo pariter disseritur de tributorum exactionibus, tum de iure, quo Galli sibi vendicant provincias, quas repetunt, cum scholiis Jo. Blondi... et Jo. Cepiani*, Paris, G. Guillard, 1555.

25. «The Frenchman composes a dignified, aristocratic, and refined work, as faithful to the original text as the language will allow» (R. E. Peggram, article cité, p.335); «It is a work of ultra-refinement, designed to suit the precious taste of the cultured nobility» (*ibid.*, p.337).

Bibliographie

1. L'édition de 1550

Le texte que nous reproduisons ici, avec l'aimable permission des Administrateurs, se trouve au British Museum sous la cote C.107.c.11. En voici la description: [Ornement typographique] LA DESCRI-//PTION DE L'ISLE D'VTOPIE//OV EST COMPRINS LE MIROER//des republicques du monde, & l'exemplaire de vie//heureuse: redigé par escript en stille Treselegant de // grand'haultesse & maiesté par illustre bon & scauant // personnage Thomas Morus citoyẽ de Londre & chã // celier d'Angleterre Auec l'Espistre liminaire compo- // see par Monsieur Bude maistre des requestes du feu // Roy Francoys premier de ce nom. // Auec priuilege [dans un encadrement avec ornement] // [Vignette en forme de feuille] Les semblables sont a vendre au Palais à Paris // au premier pillier de la grand'Salle en la Bou- // ticque de Charles l'Angelier deuant la Chappel // le de Messieurs les Presidens. // 1550. // (N.B. L'exemplaire reproduit par Gibson, p.25, porte *Budé*, et non *Bude*).

Les cotes C.127.a.76 et 714.b.15 ont été radiées. In-8°; $*^8$A-O^8; $*^8$. N.B.: *iiii (signature correcte; l'exemplaire décrit par Gibson, p.24, est faussement signé iiii); 8 premiers ff. n.ch.; puis ff. chiffrés de 1 à 105, commençant à Ar° et finissant à Or°; f.29 mal ch.26; f.78 mal ch.87; f.79 mal ch. 97. (Gibson signale que les ff. 20,61,65,98 et 106 sont non ch. et que f.103 apparaît deux fois, pour 102 et 103; ce n'est pas le cas dans notre exemplaire); + 7ff. n.ch. Ov° (f.105v°): FIN DV SECOND ET DERNIER LIVRE. Oiir°: Cy fine le deuis & // propos dapres disner, de Raphael Hy- // thlodeus [...] // [Dans un encadrement] Espoir en Mieulx. Oiiv°: l'Autheur au lecteur // [Gravure sur bois de Thomas More] (figure plusieurs fois dans le texte); [puis] NE SOIS OFFENCE // Amy lecteur [etc. il s'agit d'une apologie de la traduction]. Oiiir°: Au lecteur. [dans un encadrement]. Oiiiv°: S'ensuit la table des chapitres [etc.]. Oiiiir°: [ornement] S'ensuit la table des matieres [etc.]. Oviiir°: Faultes survenues a l'impression. Oviiiv°: [marque typographique des Frères L'Angelier] (voir Ph. Renouard, *Les marques typographiques parisiennes du XVI*^{e}*s.*, 1926, p.173) [avec la devise] DUNG AMOUR VERTUEUX ALLIANCE IMMORTELLE PAX VOBIS. LES.°ANGES.LIERS. [Puis, dans un encadrement] Charles // l'Ange- // lier //.

Autres exemplaires signalés: Guildhall (Londres); Bodleian Library (Oxford); Folger Shakespeare Library (Washington); Gleeson Library (University of San Francisco); Harvard; Pierpont Morgan Library (New York); Yale; B.N. (Paris).

2. *L'édition de 1559*

La traduction de Jean Le Blond, légèrement remaniée, fut rééditée en 1559 chez Jean Saugrain, à Lyon.[26] Elle est parfois attribuée à Barthelemy Aneau, qui signe l'*Advertissement*. Il est clair, néanmoins, que le texte demeure, pour l'essentiel, celui de Le Blond.[27] Le titre implique que la traduction est nouvelle: *La Republique d'Utopie... traduite nouvellement de Latin en Françoys*.[28]

Toute référence à Le Blond est écartée;[29] ont également disparu l'*Extraict des registres de Parlement*, la lettre de Budé à Lupset, *L'Autheur au lecteur* et *Au lecteur*. Par contre, l'éditeur lyonnais a conservé le *Dixain du translateur à la louenge de la saincte vie des Utopiens* et introduit un *Advertissement declaratif de l'œuvre. Par M.B.A.*, où il insiste sur la valeur théorique et idéale de l'Utopie de More: le chancelier anglais, précise-t-il, n'a pas voulu décrire une république existante ou même vraisemblable, il a créé un archétype, un modèle qu'il propose à l'imitation de tous. Après le texte de More, Aneau présente une *Inter-*

26. Sur Jean Saugrain, voir Baudrier, *Bibliographie lyonnaise...*, réimpression, Paris, 1964, t.4, p.317–46.

27. Du Verdier (*Bibliothèque françoise...*, Paris, 1772–73, t.1, p.210–11) attribue par erreur les deux traductions de 1550 et de 1559 à B. Aneau.

28. Il est possible, cependant, que *traduite nouvellement* signifie «traduite récemment» et non «nouvelle traduction».

29. On retrouve néanmoins la devise de Le Blond: *Espoir en mieux* (p.352).

pretation sur les noms propres des personnes, choses, ou circonstances, qui par l'autheur ont esté inventez et formez à plaisir, et à propos de l'histoire Utopique, qui lui permet de conclure: «Tous lesquelz noms significatifz de choses nulles, ou vaines, et appropriez aux personnes, lieux et faitz, feintz et inventez plustost que vrais, donnent assez à entendre que ceste Utopique est invention de Republique, telle qui n'est, ne fut, ne sera». Enfin, comme dans l'édition précédente, figurent pour terminer une table des chapitres et une table des matières.

L'exemplaire du British Museum (cote: 714.a.34) est décrit comme in-8° par Gibson et in-16° par Baudrier (*Bibliographie lyonnaise*, t.4, p.324). Gibson, p.26, reproduit la page de titre et donne une brève description. Autres exemplaires signalés: Harvard; Yale; B.N. (Paris), Montpellier (Musée Fabvre), Toulouse.

Les remaniements de la traduction, sans doute dus à Aneau, sont de moindre importance. Ils tendent à assurer au texte, selon les cas, une fidélité plus grande à l'original ou une clarté plus satisfaisante;[30] ils visent par-

30. *Fidélité plus grande*: «... quorum studio revisendorum nimis quam anxie tenebar» est traduit par «de quoy j'estois en grand ennuy» dans le texte de 1550 (f.3r°) et par «dont j'estoy en grande doute et soucy» dans celui de 1559 (p.11). – *Clarté plus grande*: «... non arte solum verumetiam natura facundus» est traduit par «personnaige non seulement en son beau parler artificiel, ains naturel» dans le texte de 1550 (f.2v°) et par «Personnage de nature et d'art treseloquent» dans celui de 1559 (p.9).

fois à renforcer les liens syntaxiques,[31] à imprimer au style et à l'orthographe un aspect plus moderne. Les variantes dans la division des alinéas sont peut-être imputables à l'imprimeur et non à Aneau.[32]

3. Thomas More et l'Utopie en France au XVIe siècle

Armes, W. D., *Rabelais and More's «Utopia»*, in *Nation* 93 (13 juillet 1911), p.30.

Ascoli, G., *La Grande-Bretagne devant l'opinion française depuis la guerre de Cent ans jusqu'à la fin du XVIe siècle*, Paris, 1927.

Atkinson, G., *The extraordinary Voyage in French Literature before 1700*, New York, 1920.

Delcourt, J., *Saint Thomas More and France*, in *Tradition* 5 (1947), p.285–310.

Dermenghem, E., *Thomas Morus et les Utopistes de la Renaissance*, Paris, 1927.

31. *Renforcement et modification des liens syntaxiques*: «Petrus Aegidius... quippe iuvenis haud scio doctiorne an moratior. Est enim et optimus...» que Le Blond rend par: «Certes je ne scay si ce jeune homme icy estoit plus docte que bien moriginé. Mais je respons qu'il estoit tresbon...» (f.3r°); la phrase est construite tout différemment en 1559: «Car certes je ne scay si ce jeune homme icy est ou plus docte, ou mieux moriginé comme celuy qui est tresbon...» (p.10).

32. Je me suis limité à un examen très rapide de ces variantes, qui méritent certainement une étude plus approfondie.

Gibson, R. W., *St. Thomas More: A preliminary Bibliography of his works and of Moreana to the year 1750*, New Haven et Londres, Yale U.P., 1961.

Hexter, J. H., *More's «Utopia», The biography of an Idea*, Princeton, 1952.

Lachèvre, F., *La première Utopie française, Le Royaume d'Antangil, ...réimprimé sur l'unique édition de Saumur, 1616*, Paris, 1933.

Lefranc, A., *Les Navigations de Pantagruel, Etude sur la Géographie rabelaisienne*, Paris, 1905.

MacKenzie, F., *Les Relations de l'Angleterre et de la France d'après le vocabulaire*, Paris, 1939.

Messac, R., *Esquisse d'une chrono-bibliographie des Utopies*, Lausanne, 1962.

Routh, E. M. G., *Sir Thomas More and his friends, 1477–1535*, Oxford, 1934.

Sainean, L., *La Langue de Rabelais*, Paris, 1922–23.

Saulnier, V. L., *Mythologies pantagruéliques. L'Utopie en France: Morus et Rabelais*, in *Les Utopies à la Renaissance*, Bruxelles et Paris, 1963, p.135–62.

Sullivan, F. et M. P., *Moreana 1478–1945, A preliminary check list of material by and about Saint Thomas More*, Kansas City, 1946.

4. Jean Le Blond

Charlier, G., *Jean Le Blond et son Apologie de la langue française (1546)*, in *Revue de l'Instruction publique en Belgique*, 55 (1912), p.331–44.

Deville, E., *Un historien normand, Jean Le Blond sieur de Branville*, Paris, 1907 (ou: in *Revue catholique de Normandie*, 16 (1906–07), p.306–16).

Hallowell, R. E., *Jean Le Blond's Defense of the French Language (1549)*, in *The Romanic Review*, 51 (1960), p. 86–92.

Lee, S., *The Beginnings of French Translation from the English*, in *Transactions of the Bibliographical Society*, 8 (1904–06), p.85–112.

Mayer, C. A., *Clément Marot et le Général de Caen*, in *Bibliothèque d'Humanisme et Renaissance*, 20 (1958), p.277–95.

Omont, M., *Discours* [sur Jean Le Blond], in *Recueil des Travaux de la Société libre d'Agriculture, Sciences, Arts et Belles-Lettres de l'Eure*, 5e série, 8 (1900), p.III–X et p. 76–83.

Peggram, R. E., *The first French and English Translations of Sir Thomas More's «Utopia»*, in *Modern Language Review*, 35 (1940), p.330–40.

Vaganay, H., *Trois contemporains de Rabelais. Pour l'histoire du français moderne*, in *Revue des Etudes rabelaisiennes*, 9 (1911), p.295–320.

*

* *

LA DESCRIPTION DE L'ISLE D'VTOPIE OV EST COMPRINS LE MIROER

des republicques du monde, & l'exemplaire de vie heureuſe: redigé par eſcript en ſtille Treſelegant de grand' haulteſſe & maieſté par illuſtre bon & ſcauant perſonnage Thomas Morus citoyē de Londre & chãcelier d'Angleterre Auec l'Eſpiſtre liminaire compoſée par Monſieur Bude maiſtre des requeſtes du feu Roy Francoys premier de ce nom.

Auec priuilege.

Les ſemblables ſont a vendre au Palais à Paris au premier pillier de la grand' Salle en la Bouticque de Charles l'Angelier deuant la Chappelle de Meſſieurs les Preſidens.

1550.

Extraict des registres de Parlement.

SVR LA REQVESTE presentée a la court par Charles l'Angelier libraire de ceste ville de Paris par laquelle il requiert luy estre permis par ladicte Court faire Imprimer & exposer en vente vn liure intitule la Description de l'Isle d'Vtopie ou est comprins le miroer des republicques du monde traduict de latin en Françoys auec les deffenses accoustumées. La court à permis audict l'Angelier faire imprimer & exposer en vente ledict liure & faict deffences a tous aultres Libraires & Imprimeurs imprimer ou faire Imprimer iceluy liure iusques a trois ans prochains venans sur peine de confiscation des liures qu'ilz feroient imprimer au contraire desdictes defenses & d'amẽde arbitraire faict en Parlement le quatorziesme iour de Nouembre L'an Mil cinq centz Quarante & neuf.

Collation est faicte.

Du Tillet.

GVILLAVME BVDE A THOMAS Lupſet Angloys.

CERTES TV ME as faict grand plaiſir, treſ docte Lupſet, quand en m'offrant l'Vtopie de Thomas Morus tu m'aduerti pour entendre a lire choſe delectable & de grand fruict car comme ia pieca par prieres tu m'auois induict ce que de mon naturel i'euſſe ſoubhaité, a lire les ſix liures de garder la ſanté tranſlatez par Thomas Linacer medecin es deux langues treſexcellēt leſquelz entre les oeuures de Galien puis n'agueres il a mis en latin, tellement qu'il ſemble que ſi tous les oeuures de c'eſt autheur que i'eſtime comme toute la medecine, eſtoient auec le temps faictz latins, l'eſcolle des medecins, n'auroit grand beſoing de la langue Grecque: i'ay ſoubdain tellement couru icelluy

liure

liure ſuiuãt les originaulx dudict Thomas Linacer leſquelz tu m'as faict grãd à mon biẽ grãd plaiſir de preſter, & par icelle lecture auoir faict grand fruict: mais ie le me promes encores plus grãd de la publication du liure que maintenant tu ſolicites diligemment es boutiques de ceſte ville me tenant de ce coſté aſſez ton obligé, voicy tu m'as baillé comme pour accroiſſement de plaiſir ceſte Vtopie de Morus homme fort aigre d'eſprit recreatif & en l'eſtimation des choſes humaines grand routier ou roturier moy eſtant aux chãps & ayãt le liure en main auec le ſoing que ie prenois entour mes oeuures allant & venant, car comme tu as congneu & entendu voicy ceſtuy eſt le deuxieſme an que ie ne ſuis fort occupé aux affaires ruſtiques, iay eſté tellement affecté a la lectre de ce liure quãt i'ay heu cõgneu & penſé aux meurs des inſtitutions des Vtopiens que quaſi i'ay interrompu & meſmes delaiſſé le ſoulcy pourchas de mes affaires domeſticques voyant que l'art & induſtrie economicque qui ne tend ſinon que a augmenter le reuenu eſt choſe vaine de laquelle Economicque il n'ya celuy toutesfois qui ne voye & cognoiſſe que tout le monde en eſt poulſe comme d'vne fureur interieure & naturelle tellemẽt que peu ſ'en fault que ie ne dye qu'il eſt neceſſaire de cõfeſſer que la giſt le but des loix legitimes & ciuilz artz enſemble des diſciplines eſt affin que par induſtrie tãt enuieuſe & tãt ſoigneuſe l'vn de ces deux butz entre leſquelz ſe trouue communaulté par droict de bourgeoiſie& meſmes quelquefois par droict de lignaige pregne touſiours quelque choſe de lautre attire ſurprẽgne,emporte, perde deſbriſe, arrache, deface, gaſte, deſrobe,pille & volle partie auec permiſſion des loix,& en partie auec auctorité d'icelles choſes qui plus ont lieu endroict les nations & perſonnes ou les droictz que lon appelle ciuilz & canõ ſont grãdement maintenuz en court entre les perſonnes qui cognoiſſent & ſcauent les droictz que lõ appelle ciuilz & lays & d'egliſe il n'y a celui qui ne congnoiſſe que maintenãt ſuyuant telles meurs

&institutions ceulx la ſont eſtimez ſou
uerains en iuſtice & equité qui ſçauent
les moyens de ſe donner garde ou plus
toſt de ſurprendre & circõuenir les ſim
ples & qui ſont ouuries de formulaires
c'eſt adire ſurprinſes qui ſçauēt fermer
proces en choſes doubteuſes controu-
uées & renuerſées & delibereez & que
telles gens ſont ſeulement dignes de
donner reſolution de droict & equité
iuſques voire meſmes qui pis eſt par
puiſſance &auctorité ordonner ce qu'il
fault q'vun chacun ay combien & iuſques à qu'ant ſe laiſſant ainſi tromper
& abuſer le iugemēt du ſens cõmũ attē
du que pluſieurs aueugles des grandes
tenebres d'ignorãce eſtimēt que chaſcũ
d'autant a bõne cauſe cõme le droict le
veult ou bien qu'il eſt appuyé & fondé
ſur icelluy combien que ſi nous voulõs
examiner telz droictz ſelõ la reigle de
verité & larreſt de la ſimplicité euãgeli
q̃ nul n'eſt ſi groſſier qui n'ētēde & nul
tant hors du ſens qu'il ne confeſſe que
au iourdhuy & des long temps ha le
droict qui ſe faict ſuiuãt les loys ciuiles

& papales eſt auſſi different comme la loy de Ieſuſchriſt & les meurs de ſes diſciples ſont differẽt es de l'oppinion de ceulx qui penſent que les amas de Creſus & de Mydas ſont le comble de felicité de ſorte que ſi maintenant tu vouloïs diffinir iuſtice ſelon les anciens autheurs celle qui rend a vn chaſcun ce qu'il luy appartient tu ne la trouuerois en lieu du mõde ou bien ſi ie m'oſe permettre de dire fault que nous cõfeſſiõs quelle eſt quelque eſcuyer de cuiſine ſoit que tu preuues garde aux facõs de ceulx qui ſont en l'authorité ou aux affections qui regnent parmy le peuple ſi n'eſt qu'ilz vueullent maintenir que droict eſt deſcendu d'vne naturelle & egalle iuſtice du monde qu'ilz appellẽt droict de nature de maniere que d'autant plus lhomme eſt puiſſant d'autant plus il ayt de biens. Et que d'autant que plus il aura de biens plus auſſi ilz doibuent eſtre eſtime entre les hommes de la eſt que voyons comme pour choſes tenues de tout le monde que ceulx qui ne ſçauent art de induſtrie memorable dont ilz puiſſent aider aultruy ont autant

tant de reuenu que vn millier d'aultre & ſouuent autãt que toute vne ville ou meſmes d'auantaige & ſont appellez les riches & gens de bien & par honneur les magnificques acquerent pour ueu qu'ilz ſçauẽt les traficques des traictes & lart des contractz obligatoires pour hypothequer les patrimoines des perſonnes. A ceſte cauſe de telz temps de telles inſtitutions de telles meurs de telles gens il eſt arreſté ce eſtre le droict que tant ſera l'homme de treſgrande & auctorité que plus richement & ſumptueuſement il aura faict baſtir ſes maiſons & luy & ſes heritiers & ce encores d'autant plus que leurs nepueux & arriere nepueux auront de plus grãdz accroiſſementz augmenté les heritaiges qu'ilz auront eu de leurs anceſtres c'eſt adire que d'autant que plus de long & de l'arge ilz auront reculé deulx leurs aliez, affins, couſins, & parens mais certes noſtre ſeigneur Ieſuchriſt cõducteur & moderateur des poſſeſſions à d'vn grand exemple auctoriſe la Pithagoric que communion & charité laiſſée entre les ſiẽs quand de mort a eſté puny Ananias

nias par auoir violé la loy de communaulté en ce faict noſtre dict ſeigneur Ieſuchriſt ma ſemble abroge entre les ſiẽs ce qui eſt de tel droict ciuil & canõ que nous voyons au iourdhuy eſtre tenu le refuge de prudence & gouuernement. Pourtãt l'Iſle d'Vtopie que i'en tens auſſi eſtre appellée Vtopotie, à d'vne merueilleuſe aduenture, ſi nous le croyons, obtenu les couſtumes certes chreſtiennes, & meſmes la vraye ſapience & en publicq & en priué qu'elle a gardé iuſques a huy ſans y riẽ gaſter en retenant trois diuines inſtitutions: c'eſt aſſauoir entre ſes citoyens equalité de biens & maulx ou ſi tu aymes mieulx, vne ciuilité du tout parfaicte: & vn conſtant & perſeuerẽt amour de paix & trãquilité: & vn meſpris dor & dargẽt. qui ſont trois, affn de ainſi parler, amortiſſemens de toutes fraudes, impoſtures circunuentions, fineſſes & priuecz trõperies. Se ſeroit au grand accroiſſemẽt du nõ de Dieu, que ces trois chefz des loix Vtopiẽnes fuſſent de grandz cloux de ferme & ſtable perſuation fichez es

ſens

ſens de tous les hommes,nous verriõs incontinent decheoir & perir orgueil, conuoitiſe,contention enuieuſe,& quaſi tous aultres dartz mortelz de noſtre aduerſaire infernal,& vn ſi grand amas de volumes de droict, eſquelz tant de bons & ſolides eſpritz ſont detenuz & occupez iuſques a la mort,ſerõt abandõnez aux vers comme de neant, & mis es arrieres bouticques. He dieu immortel quelle ſainctete des Vtopiẽs a peu mettre diuinement ceſt heur que auarice ny conuoitiſe en ſi long temps nõt peu entrer ny faire repaire en ceſte ſeule Iſle & de leur hõte meſchanceté & impudence nont peu chaſſer dillec iuſtice ny bannir,Sil plaiſoit a Dieu le treſbon & ſouurain maintenant a nous aultres,qui de ſon treſsacré nom retenons le ſurnõ nous faire ce meſme biẽ. Certes tant deſpritz aultrement bons & hault ne ſeroit deprauez & perduz dauarice, ains a vn coup en ſeroit chaſſée: & retourneroit le ſiecle doré de Saturne.quelcun certainement icy penſera quil y ayt danger, que parauenture Aratus & les anciens Poëtez nayẽt eſtre

trompez

trompezde leur opinion,qu̇and ilz ont pẽſé que lors que iuſtice partiroit de la terre,ſe retireroit au cercle des douze ſignes. Car il eſt neceſſaire qu'elle ſe ſoit arreſtée en l'Iſle d'Vtopie,ſi nous croyons Hythlode⁹,mais ie trouue en y prenant de pres garde, que Vtopie eſt ſituée hors les bornes du monde,cõgneu qu'il eſt certesvne Iſle fortunéeprocheine paraduenture des champs Elyſées car Hythlodeus cõme teſtifie Morus, n'a point encore donné de ceſte iſle la certaine ſituation. Il a bien dict qu'elle eſt diuiſée en villes,leſquelles toutes tẽdent en vne cité, qui ha a nom Hagnopolis de ſes obſeruances & bonnes entretenuez d'Innocence heureuſe,tenãt par maniere de dire,vne forme deviure celeſte,ainſi par deſſus la fãge de ce mõde cõgneu ,comme elle eſt deſſoubz le ciel. Hatiuement & chauldement miſe a fin par tant dentreprinſezhumaines, tant aſpres & incitées quevainnes & inutiles: no⁹ debuõs dõcques la cõgnoiſſance de c'eſt Iſle a Thomas,Mor⁹ qui de noſtre aage a mis en lumiere vn exẽplaired'heureuſevie&vn arreſtdeviure

ainſi

ainſi qu'il dict inuenté de Hythlodeus, auquel il attribue tout, lequel ainſi que Hythlodeus a baſty la cité d'Vtopie, cõposé leurdictes meurs & inſtitutions, ceſt a dire, quil nous a de la emprunté & apporté vn argument d'heureuſe vie certes ainſi Morus a grandement enrichy de ſon ſtile & eloquence la cité & les ſainctes ordonnances, & a tolly & dreſſé. Comme a vne reigle la meſme cité des Hagnopolitains & y a adiouſté toutes ſes choſes, deſquelles vn oeuure magnificque eſt decoré embelly & auctoriſé combiẽ qu'en ce il ſ'attribue ſeulement l'office de redreſſeur comme ne faiſant conſcience de ſattribuer le plus fort de ceſt oeuure: de peur que Hythlodeus a bon droict ſe peult plaindre que Mor⁹ luy auroit laiſſé la gloire apres premier en auoir prins lhonneur, il a certes heu pour que ceſt Hythlodeus apres auoir ſemblé voluntier auoir demouré en l'Iſle d'Vtopie, en fin fuſt marry & prit a grãt grief, que Morus luy euſt laiſſé la gloire de ceſte inuention deſloree & eſcheuee. Car ceſt vne choſe bien decente que gens de biẽ & ſages ſoyet
ainſi

ainſi perſuadez. Mais certes le teſmoignage de Pierre Gilles d'Anuers(lequel cõbien que ie ne vis iamais, toutefois ie l'aime a chauſe qu'il eſtoit amy iuré d'Eraſme, homme treſexcellent & des lettres ſainctes & profannes & de toute sorte treſbien merité & auec lequel des long temps par lettres i'ay acquis vne amyable alliance.) eſt cauſe que i'adiouſte foy a Morus homme de ſoy graue & apuié de grande auctorité. A Dieu Lupſet mon treſaymé & le plus toſt que tu pourras ſoit de bouche ou par lettre recõmãde moy a Linacer qui eſt vne lumiere d'Angleterre quãt aux bõnes lettres, qui ne ſera comme i'eſpere moins noſtre que voſtre car certes il eſt vn hõme entre biẽ peu de ceulx auſquelz biẽ voluntiers ſi ie puis ie me donne a congnoiſtre, a cauſe meſmes que quãt il demeureroit icy il hantoit bien fort auec Iehan du Ruel mon bien aymé & auquel ie communiquoye de mes eſtudes par ce auſſi que ſur tout ie m'eſmerueille de ſon excellẽt ſçauoir & exacte diligẽce & m'efforce de l'ẽſuyure, ie deſire auſſy que cõme iay diſt, de bouche

ou

ou par eſcript tu face mes recommãda
tiõs a Morus. Lequel ie penſe & croy
homme qui eſt ia enroullé au nombre
des plus ſçauantz a cauſe de l'Vtopie
Iſle du nouueau mõde, Ie layme & eſmerueille. Certes lhiſtoire de ceſte Iſle
ſera de noſtre aage & a noz ſucceſſeurs
comme vne pepiniere delegantes &
vtiles inſtitutions deſquelles ilz pourront tyrer meurs pour retenir & accorder chaſcun en ſa cité ie te
commande à Dieu. De Pa-
ris ce dernier iour de
Iulliet.

Dixain du translateur

à la louenge de la saincte
vie des Vto-
piens.

SI on veoit le poëte renaistre
Qui escripuit les champs Elisiens,
Ie pense moy qu'il vouldroit descognoistre
Ce terme la, & diroit qu'es vers siens
Il auoit mis les champs Vtopiens,
Ie dy cecy car quand bien on lyra,
Les sainctes meurs d'Vtopie, on dira
C'est paradis au prix du lieu ou sommes,
Touchant les gens on les estimera
Estre espritz sainctz plus tost que mortelz
hommes.

I. Clement. R. Hythlodeus. Tho. Morus. P. Gilles.

Les excellentz propos

QVE TEINT EN FLANDRES vn ſingulier hõme nommé RAPHAEL HYTLODEVS, Portugalloys, touchant le bon regime, de la republicque: Enſemble le recit qu'il fit des meurs, Loix, Couſtumes & Pollice, Biẽ ordonnée des habitans d'Vtopie, nouuelle Iſle, n'a pas long temps trouuée, & deſcouuerte: Auſsi de la deſcription d'icelle: de laquelle n'auoit faict iamais mention aulcun Geographe au parauant. Le tout redigé par eſcript en ſtille treselegant de grãd haulteſſe & maieſté. Par illuſtre, bon, & ſcauant perſonnaige Thomas Morus Citoyen de Londres & Chancelier d'Angleterre. Traduict en langue Françoyſe par Maiſtre Iehan le Blond d'Eureux.

Thomas Morus.

AINSI QVE LE treſinuincible Roy d'Angleterre Henry huictieme de ce nom, autant decoré & orné de tout ce qui apartient à vn excellent prince, qu'il eſt poſſible, de nouueau auoit different auecques Charles treſpaiſible prince de Caſtille, pour vn affaire qui ne eſtoit de petite importance, pour faire appoinctement d'iceluy, il m'enuoia en ambaſſade en Flandres en la compaignie de Cuthbert Tunſtal, homme imcomparable, lequel il auoit faict n'y auoit lõg temps ſon premier ſecretaire en la grande reſiouiſ-

Cuthbert Tunſtal ſecretaire du Roy d'Angleterre.

ſance d'vn chaſcun : des louenges duquel ie me tairay,non pas que i aye craincte que l amytié de quoy ie l aymois ne puiſſe porter teſmoignaige fidele & entier,mais pource que ſa vertu & doctrine eſt plus grande,que mon pouoir n'eſt de la ſcauoir bien celebrer & diuulguer: dauantaige elle eſt ſi congnue & claire par tout,qu'il ne m'eſt beſoing de la plus eſclarcir:ſi ie ne vueil eſtre veu monſtrer(comme on dict communement)le ſoleil auec vne torche.

Prouerbe.

¶Ceulx à qui ledict prince de Caſtille auoit donné charge de compoſer ledict negoce,eſtoient tous gens d'excellence:Leſquelz vindrent au deuant de nous à Bruges(car il eſtoit accordé) & entre autres ſi ttouua le lieutenant de Bruges homme magnificque, eſtant chef du party du prince de Caſtille:& Georges Tenſicius preuoſt de Caſſilete,qui debuoit faire la reſponſe, perſonnaige non ſeulement en ſon beau parler artificiel,ains naturel oultre, cela eſtoit grand legiſte, & pour faire accords excellent ouurier,tant par ſon bel eſprit,que par coutume experience & vzſaige.

Pierre Gilles.

¶Or apres que nous fuſmes deux foys trouuez enſemble,& que nous ne peumes accorder de quelques affaires,ilz prindrēt congé de nous pour quelques iours,& ſ'en allerent à Bruxelles pour ſcauoir la reſponce de leur prince: Ce pendant ie me tranſporté á Anuers

uers (ainsi que l opportunité se donnoit) & comme i'estois en ce lieu Pierre Gilles natif de ladicte ville, ieune personnaige de credit, collocqué en honneste lieu, (combien qu il eust encore mieulx merité) souuent entre aul tres me vint veoir, mais ie ne veiz homme de quoy ie fusse plus haicté.

Certes ie ne sçay si ce ieune homme icy estoit plus docte que bien moriginé.

¶ Mais ie respons qu'il estoit tresbon & tresca uant, courtois enuers tous, & singulierement enuers ses amys d'un coeur intentif, d'vne a- mour, dvne fidelité, & d vne affection tant pu re, qu'a grand peine trouueroit on en tout le monde personnaige comparable à luy en tou tes sortes d amitié.

¶ En luy estoit honte honneste, qu'on ne trou ue guere à gens d'Authorité. Il n'estoit point fainct, ains simple & prudent, vn parler brief & rond, vn propos tant facecieux sans nuyre à personne, qu'il me diminua pour la plus grande part de son amoureuse frequẽtatiã & doux entretien, le desir que i'auois de reuoir mon pays, ma maison, ma femme, & mes en- fantz, de quoy i'estois en grand ennuy, car il y auoit plus de quatre mois que i'estois ab- sent.

¶ Or cõme quelque iour i'estois en l'eglise de nostre dame, (qui est vn fort beau temple, bien honoré & frequenté du peuple) pour illec ouyr la meſſe,à la fin de la meſſe preparant mon retour à mon hoſtellerie,de hazard, i'aduiſay ledict Pierre Gilles qui deuiſoit auec quelque amy eſtrangier,qui eſtoit deſia aagé, ayant le viſaige haſlé, longue barbe, & ſon manteau pendant de deſſus ſes eſpaules aſſez nõchalanmẽt,qui à ſon habit & víaire me ſembla eſtre vn Marinier. Or quãt Pierre Gilles eut iecté loeil ſus moy il me vient ſaluer, & ainſi que ie me diſpoſois à luy reſpondre, il me rõpit vn peu ma parolle,diſant. Amy vois tu ce perſonnaige la(me monſtrant celuy auec lequel ie lauois veu parler) ie le vouloys mener á ton hoſtellerie. Pour lamour de toy, diſie,il euſt eſté le treſbien venu:Mais dit il ſi tu le cognoiſſois pour lamour de luy tu luy euſſe faict bon recueil. Certes entre les viuantz il nya homme mortel,qui pour le iourdhuy te ſceut autant narrer dhyſtoires dhommes & terres incongnues comme il fera:de quoy ie te cognois eſtre fort deſireux douir telles choſes. Ie nauois donc point mal deuiné car des que ie le vey ie iugay que ceſtoit vn nautonnier: Tu eſtois bien loing de ton compte dict il: Biẽ eſt il vray que ceſluy à eſté ſus la Mer non comme Palinurus, mais comme Vlixes,ou comme Plato.

Il ſe nomme Raphael,& le ſurnom de ſa race eſt Hythlodeus, perſonnaige non indocte en la langue latine,en grec treſcauant,ou il a plus eſtudié qu'en latin, pour ce qu'il

ſ'eſtoit

ſ'eſtoit totalement adonné à philoſophie : car on ne trouue entre les eſcripz latins touchãt Philoſophie, choſe qui ſoit d'efficace fors quelque choſe qu'a faict Senecque & Cicero.

❡ Doncques ceſtuy Portugalois à delaiſſé tout ce qu'il luy pouoit apartenir de ſon patrimoine à ſes freres, & pour la bonne enuie qu'il auoit de veoir le monde ſ'eſt acompaigné Daymery Veſpuce, & à eſté touſiours ſon compagnon au troys derniers de ces quatre Nauigaiges quon lit maintenant cà & là: ſi non quau dernier il ne reuint point auec ledict Aymery.

* Il le pria, tant & importuna quil fuſt du nombre des vingt & quatre compaignons, qui auoient eſté delaiſſez en Caſtille pour faire le quatrieme Nauigaige.

Doncques ceſtuy Raphael demeura auec leſ dictz compaignons, affin quon obeiſt à ſa fantaſie, lequel eſtoit plus ſoucieux de ſa peregrination, que du lieu ou il pourroit eſtre enſepuely, ayant continuellement en la bouche ce mot. Celuy qui na point de tombeau pour couurir ſes os, il a le ciel pour couuerture. Dauãtaige diſoit quil ny auoit point plus lõg chemin du fond de la Mer iuſques en Paradis, que du coupeau de la terre ou aultre lieu. Certes ſi Dieu ne luy euſt bien aydé ſa fantaſie luy euſt couſté bien cher. Apothemes.

 *Or

¶ Or apres qu'il se fut departy d'auec vespuce, auec cinq Castillans ses compaignons, il passa par tout plein de regions: finalement de merueilleuse fortune fut porté en l'Isle de Taprobane, puis paruint en Calicquut, ou il trouua bien apoinct quelques nauires de Portugalloys, qui oultre son esperance le Reporterent en son pais de Portugal.

¶ Apres que ledict Pierre m'eut dit ces choses, ie le remercié de m'auoir faict ce bien d'auoir eu cest esgard, que i'eusse le plaisir d'ouir les propos de cest homme, lesquelz, il esperoit m'estre agreables. Ces choses faictes ie me tourne vers Raphaël, puis apres que nous eusmes salué l'vn l'aultre, & tenu les deuiz qu'õ a acoustumé de tenir à L'arriuée, quand on faict la reuerence à quelque amy, nous transportames à mon logis, de la nous allasmes seoir au iardin sus vn siege qui estoit faict d'herbe, & commẽcames a deuiser: entre aultres choses ledict Raphaël nous compta qu'apres que Vespuce fut party. Luy & ses compaignons de quoy l'ay parlé deuant, qui estoient demeurez en Castille, paruindrent en tout plein de pays estranges, & comme petit à petit en parlant doulcement auec les gens desdictz pays se donnerent à cognoistre, de sorte que maintenant sans dangier familierement conuersent auec ledict peuple.

¶ D'auantaige nous dit comme il entrerent

en la

en la grace de quelque prince, dont i'ay oublié le pays & le nom, par la liberalité duquel leur estoient ministréz viures, & toutes aultres choses requises a faire le voyage de luy & de cinq siens comqaignons. Quand ilz se mettoient sur terre il leur faisoit bailler chariot pour les porter, puis quãd estoit besoing de se mettre sur l'eau ilz vsoient de nauires. Oultre leur estoit tousiours baillé certaine & fidele guide de par ledict prince qui les cõduisoit aux aultres princes, & les recommandoit.

¶ Or apres auoir cheminé plusieurs iours, dit qu'ilz trouuerent quelques villes & citéz fort peuplées, & assez bien regies & riglées soubz la ligne de l'Equinoxe deca & dela, des deux costez, autant que la voie du Soleil peut quasi comprendre d'espace, ce ne sont que grandz desertz bruslez de chaleur continue, de tous costez y a vn regard, & vne apparence de choses tristes, horribles, sans culture & ordre: le tout habité de bestes cruelles, serpentz, ou hommes, qui ne sont certes moins cruelz & dangereux que lesdictes bestes.

¶ Puis nous dit ledict Raphaël que quand furent passéz lesdictz desertz, & pays inhabité, trouuerent vn pays qui petit à petit changeoit, & s'adoulcissoit : lair en ce lieu estoit moins aspre , la terre doulce & ioyeuse de verdeur, les animaux plus humains. Finalement on vient à trouuer peuples, villes & citez,

tez,ou ſe demenent marchandiſes & traficques,non ſeulement entre les voiſins,ains a-
uec les nations fort eſlongnées & ſeparées ,
tant par Mer que par terre. Par quoy ilz eurent liberté & puiſſance deviſiter maintes ter
res,tant dedans que dehors ledict pais,& meſ
mes nulle nauire neſtoit dreſſée & equippée à
quelque nauigaige que ce fuſt, ou luy & ſes
compaignons ne fuſſent receuz de bien bon
coeur. Aux premieres Regions ou ilz entrerent,les nauires eſtoient faictes à fond de cu-
ue,& auoient les voiles treſſées de Ioncz, Ro
ſeaux,& aultre bois mol &flexile comme bou
leau, couldre , Ozier & autre ſemblable :
en aultres endroictz les Voiles eſtoiēt de cuir
Puis trouuerent aultres Nauires,dont le fons
eſtoit en aguiſant, & les voiles de Chanure,
toutes ſemblables à celles de noſtre pais.Les
Pilotes ſe recognoiſſoient treſbien aux eſtoi-
les,& à la mer auſſi.

*Mais il comptoit,que merueilleuſement ilz
laymoient,pour ce quil leur donna à cognoiſtre comme il failloit vſer de la pierre de Ma
gnes,de quoy eſtoiēt ignorātz au parauāt,pour
tāt quand ſe mettoient en la mer ceſtoit auec
craincte, & ne ſi oſoient expoſer fors quaſi
quau temps deſté, mais maintenant pour la
confiance quilz ont de ceſte pierre,ilz ne crai
gnent à nauiger,meſmes en yuer,ne ſe ſou-
ciantz du peril,affin que ceſte choſe qui eſtoit
eſtimée par eulx leur eſtre à laduenir vn
grand

grand bien,icelle mesme ne leur soit cause de grands maulx par leur imprudence.

Dexplicquer tout ce quil disoit auoir veu en chacun lieu,la chose seroit lõgue,puis ce nest pas ce que iay entreprins en ceste oeuure, nous reciterons possible cela à vn aultre endroit,& singulierement ce quil sera vtile de ne mectre en oubly, comme les choses que ledict Raphael auoit veuues chez maintz peuples viuantz ciuilement, lesquelles estoient prudentement & droictement administrées & regies.

*Nous enquerions curieusement de toutes ces besongnes la,& ledict Raphael nous en comptoit ioyeusement & voluntairement.

Point ne fut question de linterroguer des mõstres qui pouroient estre en icelles regions, car il nest rien moins nouueau,pour ce quon trouuera presques en tous lieux des Scilles, des Celenes rauissantz, des Lestrigons mangeurs de peuples, & telles manieres de cruelz monstres,mais de citoiens bien morigi nez,& saigemẽt instruictz,on nẽ trouuera pas par tout.Quand au reste ainsi quen son recit il toucha de maintes choses mal menées en ces terres Neufues,aussi recita il de maintes besongnes ,dont on pouuoit prendre exemples idoines pour corriger les abuz des villes ,nations,pays & Royaumes de pardeca, dequoy iepleray(cõme iay dict à vn autre lieu.)Maitenãt mõ intẽtiõ est seulemẽt reciter les choses

quil

qu'il racomptoit de la maniere de viure, bon regime, & belle police des Vtopiens, combiẽ que I'aye faict ce petit preambule deuant allegué, par lequel ie suis finalement paruenu à faire mention de leur republicque.

¶ Or apres que Raphael eut tresprudentement faict narré des abuz qui se commetoiẽt ca & la, en tous lieux beaucoup, & pareillement des choses que nous gardons, & qu'ilz gardent aussi sagement & discrettement, en l'oyant cõpter vous eussiez dit qu'il eust vesquu toute sa vie à tous les pays ou il auoit esté tant scauoit biẽ les meurs, coustumes, & loix d'un chascun. Adonc pierre s'esmerueillant de cest homme dit, Certes amy Raphaël ie m'esbahy que tu ne te metz auec quelque roy ou prince, ie n'en cognois aulcun de qui tu ne fusses bien aymé, consideré que tu pourrois non seulemẽt par ta doctrine, & cognoissance de tant de pays & nations que tu as veuz, leur donner passetemps, ains aussi les instruire d'exemples, & ayder de ton conseil.

En ceste maniere tu pouruoirois tresbiẽ à tes affaires, & ferois tous tes parẽtz riches. Quãd est de mes affins dit il. ie ne suis pas beaucoup esmeu, car i'ay faict mon debuoir enuers eulx asséz suffisamment, & moy estant encore ieune, en pleine santé, & dispos, ay departi mon bien à mes parentz & amis, ce que ne font communement aultres personnages, si non quand ilz sont vieilz, ou mallades, qui ne delaissent

laissent leurs biens, fors quand ne les peuuent plus retenir. Pourtant mes parentz & amys ont occasion de se contenter de ceste mienne liberalité enuers eulx, & pour l'aduenir qu'il ne pensent pas que ie me mette en la seruitude des princes & Roys pour leur amasser des biens.

❧ Voyla de beaux motz (dit Pierre) Certes mon propos n'est pas que tu les serues, ains que tu leur aydes & donnes confort, c'est cõme ie l'entens, en quelque sorte que tu preignes la chose, voyla la voie cõme tu peux profiter à aultruy. non seulement en particulier, ains publicquement: d'auantaige ton estat & condition en seroit plus heureux, ia ma condition nen seroit mieulx fortunée (dit Raphaël) par ceste voie, pour ce que mon coeur y repugne, & puis ie vis en liberté & a mon plaisir, ce que gueres de gros Millortz ne font.

❧ C'est assez aux princes & Roys de se seruir de ceulx qui desirent sur toutes fins paruenir à grand puissance & auoir leur amitié, ne pense pas qu'ilz estiment auoir grand perte, quand ilz seront priuéz d'un tel homme que moy ou de mes semblables. Lors Ie commence à dire, il est bien manifeste amy Raphaël, que tu n'es pas grandement couuoiteux de richesses, & hault estat.

¶ Certes ie ne prise & honore pas moins vn homme de ta fantasie que le plus gros seigneur d'entre eulx. Quand au reste il me

semble

ſemble que tu ferois choſe digne & conuenable à toy,& à ton tant noble & vray philoſophicque couraige, ſi tu te diſpoſois à applicquer ton engin & induſtrie à la republicque, combien qu'en ta perſonne tu y enduraſſes & ſouffraſſes quelque incommodité & repugnãce, laquelle choſe tu ne poutrois faire auec plus grand fruict, que de te condeſcendre à eſtre conſeiller de quelque grand prince, ce que ie cognois que tu ferois bien, & luy perſuader choſes honneſtes & droicturieres. Veritablement la ſource de tous biens & maulx redonde du prince au peuple,ainſi que d'une fontaine continue & perdurable. En toy repoſe & giſt doctrine tant parfaicte & accomplie,& ſi grande cognoiſſance des choſes,que ſans grand vſaige & enſeignement tu pourrois faire l'office d'vn excellẽt ſenateur royal. Tu faulx en deux manieres (dit il) amy Morus:premierement en moy , puis en la choſe meſme,car ie n'ay pas la puiſſance que tu me donnes,& ſi elle eſtoit en moy,(combien que ie ne ſcarois en rien aduancer le bien publicque) i'apporterois ennuy & faſcherie à mon eſtude,& tranquillité de penſée. Ne cognois tu pas que les princes preſques tous,plus voluntairement ſ'occupent aux exercices bellicques(ou ie n'entends riẽ, & ne deſire y riẽ cognoiſtre)qu'aux bõs artz de paix, & trauaillẽt beaucoup plus,de cõqueſter par voies licites & illicites nouueaux royaulmes,que de biẽ re

gir

gir ceulx qu'ilz possedẽt? D'auantage les con seillers qui sont au tour des princes, sont si saiges, qu'ilz n'ont que faire de gẽs saiges: ou ilz pensent tant estre saiges, qu'il leur desplaist d'approuuer le cõseil d'aultruy: fors de ceulx la aux dictz desquelz (cõbiẽ qu'ilz soient sans raisõ) ilz s'accordẽt & blãdissẽt, pẽsantz q̃ par leur flaterie, q̃ ceulx cy s'efforceroiẽt les mettre en la grace du prince, puis chascũ à quasi ce vice de nature, qu'il ayme & estime son inuẽtiõ. Le corbeau est si amoureux de ses petitz, qu'il pẽse n'estre au mõde pl⁹ beaux oyseaux, le singe en faict de mesmes, si quelqu'ũ en la cõpagnie de telz gẽs, ou de gẽs enuieux, ou arrogãtz, allegue q̃lq̃ chose, qu'il a leu auoir estẽ faict en aultre tẽps, ou qu'il a veu en autres regiõs & lieux, ceulx qui escoutẽt cela, font ne plus ne moins que si l'opiniõ de leur saigesse se perdist, & comme s'on les estimoit estre folz, s'ilz ne sont suffisantz pour trouuer q̃lque chose pour blasmer l'inuẽtiõ d'aultrui. Si ces choses leur deffaillẽt ilz viennent à ce poinct, & disent, Noz maieurs anciẽs on faict ainsi, & telles choses leur ont esté agreables. Pleust à Dieu que nous fussions aussi saiges comme il ont esté. Doncques apres auoir dict ce propos, comme si ce fust vne conclusion se taisent: voulans quasi dire que c'est grand dangier, si aulcun est trouué plus prudent que noz anciens. S'ilz ont consulté d'un affaire discretement & diligemment,

treluolentiers

tresuolũtaire nous permectons que la chose soit en valeur & prix, au cõtraire s'ilz ont passé par vne chose, laquelle on eust peu faire pl⁹ prudentemẽt, qu'ilz nont faict, ce neanmoins nous ne voulons passer plus oultre & retenãs ceste occasion estroictemẽt, cõme si ce ne fust mal faict de faire mieulx. Doncques ie me suis trouué souuent entre aulcunz personnaiges qui auoient ces folles opinions la, & iugementz orgueilleux, sans raison & fascheux, & principalement vne fois en Angleterre.

Ie te supplie (disie) racompte moy, si tu as esté aultre fois en nostre pais? ouy dit il i'y ay hanté quelque temps, bien tost apres que les Anglois occidentaulx qui auoient meu guerre ciuile contre leur roy, furent refrenez, à leur grande perte, & pitoyable occasion.

Ce pendant Iehan Morton archeuesque de Cantorbie, Cardinal & Chancelier dAngleterre me feist beaucoup de plaisir & dhonnesteté dont ie me tiens encore grandement tenu á luy. Cestoit vn personnaige (amy Pierre, ie ne diray rien que Morus ne cognoisse) de grande authorité, prudent & vertueux. il estoit de moyenne stature, & combien quil fust desia bien vieil, si se maĩtenoit il tresbien, sa face estoit reuerente, nõ redoubtable, il nestoit dacces difficile, mais graue & constant, son plaisir estoit aulcunnefoys de parler plus asprement que de coustume, à ceulx qui se presentoient deuant luy aux requestes, ce quil ne

faisoit

faisoit par fierté ou felonnie, ains pour experimenter la prõptitude & alaigreté de coeur & d'esperit qu'un chascun pouoit auoir, dequoy il se recreoit, comme d'vne vertu, qui luy estoit naturelle, voisine & proche, pourueu que le suppliant ne fust eshonté. Certes il honoroit & prisoit ceste perfection de prõptitude, comme chose idoine à gouuerneurs & administrateurs de republicque, sa parolle estoit bien acoustrée & efficace, il estoit grãd legiste, il auoit vn esperit incõparable, la memoire si excellente que c'estoit chose d'admiration. L'excellent naturel qui estoit en luy, en exercant & apprenant luy auoit produict telles graces.

Lors que i'y estois, il sembloit que le Roy, & mesme toute la Republicque se confiast & appuiast au conseil d'icelui. En sa grande ieunesse soubdain de l'escole fut iecté à la court, ou toute sa vie vacqua à grosses charges, & en ce lieu peut auoir certaine experience des varietez de fortune, qui le tempesta assiduelement, pourquoy apprint vne prudence mondaine, auec plusieurs grandz perilz, laquelle apprinse & receue, facilement ne se pert pas, comme d'aduenture i'estois quelque iour à sa table vn certain personnage lay scauant en voz loix y assistoit, ie ne scay pas ou il auoit trouué occasion de parler, mais il commenca à louer diligemment l'aspre iustice qu'on faisoit illec des larrons, en racomptant qu'en

B d'aulcuns

d'aulcuns endroictz aulcunefoys on en auoit pendu vingt à vn gibet, & pourtant disoit qu'il s'esmerueilloit d'auantage qu'il en estoit tant par tout, & dont leur venoit ce malheur, veu que peu eschappoient de ce supplice.

Des loix peu equitables.

❧ Adonc ie vois dire (certes ie fus assez hardi de parler franchement & librement en la table de ce Cardinal) ne t'esbahy point seigneur, ceste punition de larrons n'est iuste ne raisonnable, & ne profite en rien à la republicque. Elle est trop cruelle pour venger le larcin, & n'est suffisante à le refraindre.

¶ Veritablement vn simple larcin n'est point si grand crime, qu'on en deust perdre la vie, & la peine n'est point si griefue qu'elle puisse garder les larrons de desrober, cosideré qu'ilz n'ont point d'autre mestier pour viure: pourtant en cest affaire non vous seulement, mais la plus grand part du monde estes veuz ensuiuir les mauluais maistre d'eschole, qui battẽt plus voluntiers leurs disciples, qu'ilz ne les enseignent. On establit punitions griefues & terribles à vn larron, & on debueroit plus tost pourueoir d'honneste maniere de viure, affin que les larrons n'eussent si grande necessité & occasion de desrober & d'estre penduz.

Comme on doibt mettre ordre qu'il ne soit point tant de larrons

¶ On y a (dict il) assez pourueu, pourquoy sont faictz les mestiers, & le labourage: on peult gaigner sa vie à cela & la sauluer, si on ne veult tout degré estre meschant.

¶ Tu n'as pas disie encores ton intentum,

&

& n'eschapperas de moy ainsi. Premierement ne touschons ceulx qui souuent reuiennent en leur maison naurez & mutilez des guerres ciuiles,ou destrange conflict,comme il est aduenu depuis peu de temps du retour de la bataille de Cornebie qui a esté faicte en vostre pays & pareillement de celle qui à esté menée contre les Francoys n'y a gueres.

¶ Ceulx cy ont exposé leur corps pour leur prince & la republicque , & foiblesse ne leur souffre d'exercer les mestiers deuãt alleguez, & l'aage aussi ne permet qu'ilz en aprennent de noueaux. Delaissons par semblable ceulx qui reuiennẽt de la guerre quand tresues sont données. Contemplons les choses qui aduiẽnent quotidiennement. Il est si grand nombre de gentilz hõmes, qui tous seulz ne viuẽt oysifz,ains entretiennent grosse tourbe de valetz ocieux,qui n'apprindrẽt iamais aulcũ mestier pour viure.Or lesdictz gẽtilzhõmes sont semblables aux bourdõs& grosses mouches q̃ viennent aux ruches des mousches à miel & viuent de labeur d'aultrui,& s'ilz ont quelq̃s fermiers,ilz les mẽgẽt iusqu'aux nerfz,& haussent oultre raison leurs fermes & terres pour augmẽter leur reuenu. Quand à ce poinct ilz sont assez espargnantz & practiciẽs , mais en aultres affaires ilz sont si ꝓdigues,qu'ilz tũbẽt quasi en mendicité.Doncques si aduient que quelque gentilhõme meure ou que les valetz dudict gẽtilhõme soiẽt malades,soudain sont

 poussez

poussez dehors,pource que plus voluntiers ilz nourrissent gẽs oysifz que les mallades, d'auã tage l'heritier du mourant n'a pas souuent dequoy entretenir le train que son pere tenoit,ce pendãt il fault que lesdictz seruiteurs meurent de fain,s'ilz ne veullẽt estre larrons: car que pourroient ilz faire ? Certes apres qu'ilz ont esté vn peu vagabondz , & que leurs habillemẽtz & leur santé est empirée & vsée,deffigurez par malladie,chiffuz & loque teux,à ceste heure la les gentilz hommes ne s'en vouldroient seruir ny les laboureurs: pource qu'ilz cognoissent que ceulx qui ont esté nourris delicatement & en oysiueté, & qui ont acoustumé d'auoir lespée au coste & le bouclier en la main,vouldroient tenir tout le village en subiection soubz l'umbre d'vne barbe,quelque habit chicqueté,ou chappeau emplumé,mesmes contemneroient vn chascun,oultre ne seroient pas pour seruir fidelemẽt quelque pauure rusticque , auec petitz despens,petitz gaiges, puis n'ont aprins à manier la besche & la houe.

Or ledict legiste replicqua en ceste sorte,veritablement il est de necessité de nourrir telles manieres de gẽs,pour ce qu'ẽ iceulx s'il est question de guerroier,consistent la puissance & surce d'vn exercite , car ilz sont de coeur plus hault & noble , que gẽs de mestier & laboureurs,vraiement disie pour vne mesme besongne il est donc licite , (cestascauoir

pour

pour le faict de la guerre) de nourrir des larrons, dequoy ne seres iamais destituez, ce pendant qu'aures telle generation. Or doncques larrons sont vaillantz gendarmes, & gendarmes sont vaillantz larrons, voila comme ces deux mestiers la sont confirmez, ce vice icy est frequent en vostre pays d'Angleterre, non pas propre, car en toutes nations on s'en demente, vn aulrre mal encore pire, gaste & infecte les Gaules, tout le pays, mesmes en tẽps de paix, (si on la doibt appeller paix) est assiegé & remply de gẽdarmes soudoyez, induict d'icelle mesme persuasion, laquelle vous estes d'oppinion yci de nourrir & entretenir des seruiteurs oysifz c'est le iugemẽt des folz qui pẽsent estre sages, que le salut & protection de la republicque Francoise cõsiste en cela cest ascauoir, si on a tousiours bonnes guarnisons prestes, & singulierement de routiers. Les Frãcois n'ont point grand confidence à gens nõ experimẽtez aux armes, pourtãt sont ilz tousiours estorez de gens gaigez, qui n'ont d'aultre mestier que la guerre, affin qu'ilz n'ayent sans loyer souldartz ignorantz. de couper gorges & occir, & pareillement de peur (comme dit Saluste en se gaudissant, que leur main & courage ne s'anonchallasse par oisiueté: Mais combien la chose est dommageable & pernitieuse, de nourrir telles bestes, France la bien apprins à ses despens.

Quel dommage cest que d'auoir tousiours garnisons de gendarmes en vn pays.

Les exemples des Rommains, Carthaginois

ginois & Siriens & de plusieurs aultres natiõs declarent assez, comme telle megnie aucũne fois s'est amassée, & a destruict nõ seulement leur empire, ains aussi leurs territoires & villes. La chose ne me semble grandemẽt necessaire de souldoier gẽdarmes aussi biẽ en tẽps de paix que de guerre, & telles gens ne sont trouuez plus vaillãtz q̃ les aultres, qu'il ne soit ainsi on en a veu clairement l'experiẽce, maintesfoys on a dressé & amassé soudain en tẽps de necessité cõpaignies de gens rusticques, & de mestier en vostre pays d'Angleterre, pour soustenir le choc des gẽdarmes Francois, qui sont des leur tendre ieunesse tresexercités es guerres, mais ilz n'auoient matiere de se glorifier d'estre departiz les maistres. Or ie n'en parleray plus oultre, de craincte que ie ne sois veu vo⁹ flater en voz presẽces. Certes les gẽs de mestier de voz villes, & voz laboureurs, & hõmes agrestes ne craindroiẽt pas beaucoup les paiges & valetz oysifz des nobles, si ce n'estoiẽt pauures impotẽtz, ou caimantz & mendiãs, il ya grãd dãger aussi que ceulx qui sont fortz & puissantz (certes les gẽtilzhõmes sont cause de gaster beaucoup de cõpaignõs d'eslite) ne deuiẽnent lasches par oysiueté, & qu'ilz ne se ramolissent par exercices presque feminins, & que ceulx la mesmes instruictz à bons mestiers pour gaigner leur vie, & exercitéz aux labeurs viriles, ne s'effeminẽt. Certes tellement quellemẽt que la chose en aille, cela ne me me ſemble eſtre vtile aux aduẽturiers de guerre d'auoir les preallegueʒ, leſquelʒ vous n'aueʒ iamais, ſi nõ quãd vous voules nourrir vne infinie troppe de gẽs de neant qui troublent la paix, dequoy on doibt auoir plus grand eſgard, que de la guerre. Ceſte induction & contraincte de detrober n'eſt ſeule, il y en a vne aultre qui eſt ſpeciale en voſtre pais. Qui eſt ceſte la dit le Cardinal? voʒ ouailles diſie, qui souloient eſtre tant benignes & ſe contenter prier, maintenant (ainſi qu'on dit) ſont tant gourmandes & felonnes qu'elles deuorẽt meſmes les hõmes, & gaſtent les champs, les maiſons, & les villes.

Certes a chacunne partie du royaulme ou la laine eſt la plus fine & deſliée, & pour ceſte cauſe plus precieuſe, de ce lieu les gentilʒ hommes & nobles, auſsi quelque nombre d'Abbeʒ, qui ſ'eſtiment gens de bien, ne ſe cõtentent point du reuenu & fruictʒ annuelʒ qui ſouloient croiſtre à leurs maieurs de leurs terres, auſsi ne leur ſuffit qu'ilʒ viuent graſſement ſans rien faire & qu'ilʒ n'apportent au bien public aulcunne vtilité, mais nuiſent, càr ne laiſſent aulcũnes terres pour eſtre labourées, ilʒ cloyẽt tout en paſturages, demoliſſẽt les maiſons, rõpent les villes & bourgades, ne laiſſantʒ ſeulement que les egliſes pour eſtables aux ouailles, & ces perſonnages icy qu'on eſtime gens de vertu, mettẽt en deſert, guarẽnes, parcʒ, viuiers, toutes habitatiõs, & peille mẽt tous champz labourez, quasi comme ſ'il eſtoient veuz ne gaſtez gueres de pays chez vous. Parquoy aduient que certains laboureurs circonuenuz par tromperies, ou opprimez par violence, ou laſſez d'iniures ſont deſpouillez & denuez de leurs terres, ou ſont contrainctz de les vendre, affin qu'un auaritieux qui n'a iamais ſuffiſance, & qui eſt vne peſte en vn pais, augmente ſon territoire, & en vn circuit il encloſt quelque milliers d'arpentz de terre, doncques en quelque ſorte que ſe departent les pauures miſerables, hommes, femmes gens mariez, veufues, orphelins, peres & meres auec leurs petitz enfantz, & leur famille plus peuplée que riche, car en vne maiſon de laboureur il eſt requis auoir grand nõbre de valetz & chãbriere il fault qu'ilz vẽdẽt toutes leurs vtẽſiles qui ne ſont pas de grand argent, & qu'ilz les donnent pour moins beaucoup qu'elles ne vallent, encor ceſtaſcauoir ſi'l ya aucun qui les veulle achapter. Or partent il de leurs maiſons accouſtumées & congnues, & ne ſcauent ou ilz ſe doibuent heberger & retirer, & quant ilz ont vagué quelque peu de temps & mengé leur argent, que reſte il plus ſinon qu'ilz ſoyent larrons, & finalemẽt pẽduz à iuſte droict cõme vous dictes, ou qu'ilz courẽt le pais & mẽdiẽt ce neãmoins quand on les trouue ainſi vagantz, on les empriſõne, pource qu'ilz ſont ocieux, & beſogneroiẽt volũtiers ſ'ilz trouuoient à beſongner,

mais

mais asme ne les appelle. Ilz ont acoustumé à trauailler aux champs. Mais il n'est plus besoing di mectre les mains, pour ce que tout est mis en pasture. Cest assez dvn berger & vn bouuier qui pasture ses bestes en vne terre, ou il y souloit auoir plusieurs laboureurs qui la rendoient suffisante à estre semée, & la mettoient en beau labeur. Pourtant aduient qu'en plusieurs lieux ya plus grande charté de viures.

*Le pris aussi des Laines est tant creu & haulsé que les petiz compagnons qui souloient faire des draps chez vous, nen peuent aprocherpour ceste cause plusieurs sontcõtrainctz de laisser oeuure, & estre oisifz. Certes apresque les pasturaiges ont esté ainsi dilatez & escruz, vne malladie, qui est fiebure pthisicque à faict mourir vne infinité douailles, comme sidieu eustvoulu punir la couuoitise de ces manieres dauaritieux susdictz, enuoie vne peste audictes bestes à laine, laquelle fust plus iustement tũbée sur les testes desdictz auaritieux.

*Or si le nõbre des Ouailles ses croist, ce ne ã moins ne diminuẽt de prix. bien est il vrayque vn homme seul au vend lesdictes ouailles, par quoy la vendition ne se nomme Monopole, mais oligopole, qui est adire en grec venditiõ de peu degés, & ceulx mesmes sont riches, lesquelz nõt necessité de vẽdre si nõ quãd il leur plaist & ne leur plaist deuant vendre leur marchãdise, fors autãt quil leurplaist, ceste mesme

raison

raiſon eſt cauſe que les aultres beſtes ſoient auſſi cheres,& encores plus,car apreſqu'on a rompu tout plain de fermes,cenſes & maiſōs aux champs,& qu'on a diminué les terres labourables,il n'ya plus perſonne qui eſleue & nouriſſe de ieunes beſtes comme Agneaux, cochons,veaulx,poulains, aſnons & aultres.

¶ Ces riches hurons de quoy i'ay parlé ainſi ne nourriſſent point d'agneaux,auſſi ne font ilz d'aultres ieunes beſtes,ains ilz achaptes des beſtes maigres ailleurs dequoy ilz ont grand marché,puis apreſquilz les ont engreſſées en leur paſtiz,les reuendent groſſe ſomme d'argent.Ce n'eſt pas encore tout,en cela ne giſt encore tout le dommaige que le pays y peult auoir.Car en ce lieu la ou ilz les reuendent ilz les font dauantaige plus cheres.Quand au reſte,es pais ou on eſleue ieunes beſtiaulx , & quand toſt apres qu'ilz ſont nez on les tranſporte en aultres endroictz,finalement l'abondance en ce lieu diminue petit à petit, parquoy il eſt de neceſſité que'n cedict territoire y ayt diſette & defaulte deſdictes beſtes. Ainſi l'inſatiable conuoitiſe de peu de perſonnaiges auaritieux rend voſtre iſle ſouffreteuſe de la choſe de quoy elle eſtoit veue eſtre fertile & abondante.

Certes ceſte cherté la eſt cauſe qu'un chaſcū autāt qu'il peuſt deiecte de ſa famille hors,& enuoie valetz & chambrieres mēdier ou deſrober,ce que plus facilement feront gens de

cœur

coeur,car ilz ont honte de demander l'ausmosne. Dont vient cela,qu'a ceste pauureté & disete on y adiouste encore vn aultre mal, qui est superfluité desraisonnable. Les seruiteurs des gentizhommes,gens de mestier,& rusticques quasi, & tous estatz sont superfluz en habitz,& en boire & menger.

¶ Dauantaige on tolere bordeaux, tauernes ou on vend vin & ceruoise,puis tant de ieux nuisibles,comme ieux hazardeux, les cartes, le tablier,paulme,la bille & aultres semblables. Ces choses la,quand l'argent est failly n'enuoient elles pas leurs ministres droict cōme vn cierge en aulcū lieu desrober,deiectez ces dommageuses pestes de vostre royaulme.

¶ Ordonnez que ceulx qui ont demoly les villaiges & bourgades les reédifient,ou qui cedent les lieux à ceulx qui les vouldront reparer,& qui y vouldront edifier.

*Refrenez les achatz & conuentions des riches,& leur ostez la licence d'exercer venditions particulieres,faictes que peu viuent oisifz. Le labouraige soit restauré,la drapperie restituée,qu'vn chacun s'empesche à honnestement besongner,affin que tant de gens ocieux sexercēt à lutilité de to⁹,&principalemēt ceulx que pauureté a faict larrōs,&aussi ceulx qui sont maintenant vagabōdz & oyseux,qui deuiendrōt larrons si on ny met police. Si vo⁹ ne dōnez ordre à ces maulx,cest temps perdu de vous vanter quon à faict bonne iustice des larcins,

larcins,qui est certes vne punition plus belle, que iuste & vtile, quand vous tolerez & permettez regner les vices,les mœurs petit à petit estre corrumpues des la tendreté de ieunesse:& puis quand les enfantz qui en leur premier aage donnoient toute bonne esperance de leur future probité,en leurs ans viriles cõmettent quelque crime de reproche & imfamie,& a ceste heure la vous les punissez ,que faictes vous aultres chose,si non,des Larrons, & puis vous les punissez.Ainsi que ie proposois ces choses,ce pendant ce legiste preparoit à me faire repõse ,& auoit deliberé duser de la maniere acoustumée daulcuns disputãtz qui repetent plus diligemment les parolles des proposantz quilz ne respõdẽt,ausi sont ilz dauiz que tout lhonneur consiste en la memoire du repetant.

Il exprime la maniere acoustumée du'n cardinal Dangleterre,de taire taire vn p-sonnaige sil parle pl9 qu'il napartient·

Certes tu as tresbien parlé dit il,veu que tu es estrangier,& que tu as peu ouyr plus tost de ces choses la,que den cognoistre au certain, ce que ie donneray à entendre clairement en peu de parolles.

*Et premierement ie reciteray par ordre ce que tu as dict:puis ie monstreray en quoy lignorance des choses de nostre pays ta deceu. *Finalement ie souldray toutes les raisons, doncques ie commenceray au premier poinct que iay promis. Il me semble que tu as touché quatre choses. Tay toy dict le cardinal veu que tu cõmences ainsi,ie suis doppinion,qua

ta

ta reſponce ſeroit bien longue:pourtant nous te deliurerons preſentement du ſoucy & faſcherie que tu aurois de reſpondre,& reſeruerons cela au plus toſt que vous en retournerez,qui ſera demain:ſi tu nes empeſché, toy ou Raphael.

Et ce pendant amy Raphael ,iorrois voluntiers pourquoy tu penſes quon ne doibt punir de mort vn larcin,& quel autre ſupplice tu ordonnerois,qui fuſt à l'utilité du bien,public es tu doppinion quon deuſt tolerer ce vice. Or ſi on faict mourir les larrons,& neanmoins on. ne laiſſe à deſrober, ſi on les aſſeure de la vie,quelle craincte pour laduenir pourra eſpouenter les malfaicteurs,qui par la doulciſſement de la peine interpreterõt quilz ſont ſemons à malfaire , quaſi comme ſi on leur en vouloit donner loyer il me ſemble diſ ie pere treſbening quil eſt iniuſte totalement doſter la vie á vn homme,pour auoir oſté vn bien temporel. Pour ce que ie ne penſe pas quil y ayt bien mondain en terre qui doibue eſtre cõparé à la vie humaine. Et ſion dit pour couuerture que ce neſt pas pourargent ou aul tre ſubſtance quon faict mourir vn homme, ains eſt pourauoir bleſſé iuſtice &violé les loix ie reſpons que ou il debueroit auoir droict & iuſtice,en ce conſiſte tort & iniuſtice.

* Veritablement le commandement des loix tant ſeuere & rigoureux neſt à louer,quand il aduient de hazard que quelque perſonnaige

en

en choſes legieres ſemonſtre deſobeiſſant, & on vient ſoudain á deſgainer leſpée pour le faire mourir. Les decretz ne doibuent eſtre tant eſtroictz quon eſtime touspechez eſgaulx, comme de iuger ny auoir difference entre tuer vn homme, & luy deſrober ſon bien. Entre leſquelles choſes (ſi iuſtice a lieu) on trouuera quil nya riē ſemblable ny proche Noſtre ſeigneur Dieu nous á defendu de faire mourir aulcun, & nous le tuons tant facilement pour auoir deſrobé quelque peu dargent, ou aultre choſe ſemblable. Et ſi aulcun interprete, que par ce commandement diuin la puiſſance de tuer eſt interdicte, ſi non entēt que la loy humaine declaire a occir, quel empeſchement y aura il que les hōmes en ceſte maniere ne cōſtituent entre eulx quād il faulдra admettre vne defloration, vn adultere, & vn pariurement. Comme ainſi ſoit que noſtre ſeigneur dieu ayt oſté le droict de nōſeulemēt tuer aultruy, ains auſſi ſoy meſme, ſi le conſentement des hommes ſaccordantz entre eulx par certaines ordonnances ne tuer l'vn lautre doit eſtre de ſi grand valeur, quil exempte ſes ſatellites de lobligation de ce commandement, qui ſans aucun exempte de Dieu tueront ceulx qui humaine loy aura commandé doccir, doncques en ceſte ſorte le cōmandemēt de dieu naura nō plus de droict que les loix humaines y en promettront, Par cela ce ſera qu'en ceſte maniere les hommes

mes feront ſtatutz en toutes choſes , entant qu'il conuiendra garder les commandemens de Dieu combien que la loy de Moyſe fut rigoureuſe & aſpre,non obſtant ne puniſſoit les criminelz attainctz de larcin , combien qu'ilz fuſſent partinax de mort, mais bien de peine pecuniaire.

*Ne penſons pas que Dieu en la nouuelle loy de Clemence,par laquelle le pere à comman dé á ſes filz,nous ayt permis plus grande licence d'exercer cruaulté les vnz enuers les aultres,quan lancíen teſtament. Voila pourquoy ie ſuis daduis quil neſt licite de faire mourir vn larron. Nul nignore que ce ne ſoit choſe deſraiſonnable & pernitieuſe à la republicque de punir egallement vn larron & vn meurtrier. Certes quand vn larron regarde quil nya point moins de peril deſtre attainct de larcin , que deſtre conuaincu dhomicide cela lincite de tuer celuy quil pretendoit ſeulement voler & deſrober,veu quilz nya point plus de dangier,mais quil ne fuſt trouué ſus le faict. Il ya plus de ſeureté à faire vn meurtre, et plus grande eſperance de le celer, quũ larcin,moyennant quil ny ayt teſmoing.

*Doncques quand nous efforcons de donner trop grande terreur aux larrons, nous les incitons a perdre & gaſter les gens de bien.

Or ſi on me demande quelle punition ſeroit plus commode , elle neſt pas difficile à trouuer. Auons nous ſouſpecon que ceſte

ceste maniere des Romains à corriger les vices au temps passé & qui leur à esté si longuement agreable,ne fust vtile,lesquelz estoient plus scauantz de gouuerner vne republicque que gens du monde. Ceulx qui estoient conuaincquus denotmes crimes,estoient perpetuellement detenuz,& contrainctz es carrieres tirer la pierre,& fouir en terre pour trouuer les mines des metaulx.

La republicque des Polylerites en perse.

¶ Et touchant cest affaire,ie ne treuue coustume ne maniere de faire de nation aulcune que i'aprouue plus,que celle que ie vey,ce pendãt que ie faisois mon voyage de perse,en ce mesme pays chez vn peuple nommé Polilerites: Certes ceste nation n'est pas petite,ne mal regie & instruicte,& vit en liberté,fors qu'elle faict quelque tribut tous les ans au Roy des persans.

¶ Quand au reste pour ce qu'ilz sont loing de la mer,& enuironnez de montaignes,se contentans des fruict de leur terre, qui est bonne & fertile,ne hantent pas souuent les aultres peuples,ne ne sont frequentez aussi, mesmes de leur coustume anncienne, ne sont curieux d escroistre leurslimites,& ce qu'ilz ont le gardent soigneusement de l'iniure d'autruy,& defendent leurs montaignes si qu'on ne peut entrer sus eulx Parce tribut & pensiõ qu'ilz font au susdict roy de perse,sont exsmptz de soudoier gensdarmes à laguerre,& eulx mesmes aussi dy aller. Ainsi viuent ilz plus eureux,que

beaucoup

beaucoup renõmé, car à grand peine quaſi cõgnoiſt oncõme ilz ont nõ, fors leurs voiſins qui ont lacõgnoiſſãce deulx. En ce pais ceulx q ſõt condãnez de larcin, ce quilz ont deſrobé ilz le rendent à qui il eſt, & non au prince, comme on faict en maintz lieux qui neſt guere hõneſte, car ilz attribuẽt autãt de droict au prince de la choſe deſrobée cõme au larron. Si le biẽ eſt perdu, on vent les biens du larron, & ceulx qui ſont intereſſez ſont payez à la valeur, le demeurant eſt laiſſé entierement pour nourrir la femme & les enfantz dudict larron, & luy condamné a ouurer & beſongner ou on le veult mectre. Or ſi le larcin neſt exceſſif, ilz ne ſont detenuz priſonniers en Chartre, & ſi ne ſont enferrez ou enchainez, mais ſont en liberté ſoy occupantz a beſongnes publicques.

Au pays des chreſtiens on ne faict pas cela

*Ceulx qui refuſent le trauail, & oeuurent laſchement, ilz les enchainent & fouettent pour les faire beſongner.

*Ceulx qui beſongnent bien, on ne leur faict point de tort, au ſoir on faict la reueue, ſont appellez par nom & par ſurnom, & ſeulement mis & enclos de nuict dens des chambres on ne leur faict poinct daultre ennuy, fors quilz beſongnent touſiours.

*Ceulx qui trauaillent pour la republicque, ſont nouriz des deniers publicques, & bien entretins, en auitres lieux ſont aultrement traictez. En quelques endroictz on cherche lau moſne pour eux, & de cela ſont ſuſtentez, &

cõbiẽque ceste voie & maniere de faire ne soit certaine & asseurée, c'est asçauoir de trouuer tousiours du biẽ pour eulx, toutefois ce peuple la est si misericordieux qu'on treuue du reuenu en abondance, & plus en ceste sorte, qu'en aultre maniere. En aultre quartier il y a du reuenu publicque pour alimenter lesdictz criminelz. En autre contrée chacun homme est taxé & quotize pour ceste affaire. Aussi en d'aulcunz lieux ilz ne font ouurages publicques, mais ainsi comme vn chascun à affaire en particulier d'ouuriers ce iour qu'il en a affaire il s'en va au marché & les loue, & n'en paye pas tant comme il feroit de quelque serf qui ne seroit criminel: quand au demeurant, vn homme ne sera blasmé de les fouetter, s'ilz sont paresseux de besongner. Ainsi ilz ne sont iamais oisifz, qu'ilz ne trauaillẽt, & oultre leurs despens tous les iours on leur donne quelque chose des deniers publicques. Ilz sont tous acoustrez d'vne liurée, & n'y a qu'eulx qui porte la couleur du drap qui leur est baillé. Ilz nõt les cheueulx tũduz, mais couppez vn peu au dessus des aureilles, & en ont vne quelque peu couppée & eschantillonnée.

Les valetz des gẽtilz hommes & maistres aultres en chrestiẽté maintenant pensent estre chose honneste d'auoir ainsi les cheueulx couppez.

¶ Il est permis à leurs amys de leur donner à boire & à menger, & mesmes vn habit de la couleur qu'ilz doibuent porter.

* Il est deffendu sur la vie de donner l'argent qui leur a esté donné, & à celuy qui le prend autant y pend il, & n'est pas moins dãgereux

à vn

à vn hõme libre en quelque ſorte que ce ſoit receuoir ouprendre pecune d'vncriminel,pareillemẽt eſt prohibé ſur peine de mort à tous criminelz de porter baſtons ou armes. Vne chacune regiõ marequẽt & ſignent leurs priſonniers,& ny pend que la mort doſter leur mercque,& encourent ſemblable peine de ſe tranſporter en aultre contrée,& paſſer les limites de leur region,& auſſi de parler auec vn priſonnier daultre pais.

*Certes penſer ſeulement de ſenfuir neſt pas moins perrilleux pue la fuite.Si vn criminel eſt conuaincu dauoir donné conſeil à vn aultre de ſen fuir,on le faict mourir,& ſi vn homme libre tumbe en ce cas,il eſt mis en ſeruitude. Il ya certain ſalaire à ceulx qui deſcouurẽt telles entreprinſes.Si ceſt vn homme de franche condition,on luy donne vn prix dargent, ſi ceſt vn ſerf,on le met en liberté, à lun & à laultre eſt faicte grace ſilz delinquent en quelque ſorte:affin quon cognoiſſe que celuy qui donne vn mauuais conſeil ne doibt eſtre plus aſſeuré que ſil faiſoit le cas.

*Voila les ordances & la police de quoy on vſe en ces pays,qui nous donnẽt à cognoiſtre clairemẽt cõbiẽ elles ſont pleines dhumanite & quel profiſt elles apportẽt à la republicque veu quen faiſant iuſtice on aboliſt & perd,on les vices,en gardant les hõmes,& les traictãt en telle ſorte, quil eſt neceſſaire quilz ſoient bons,mesmes autant de dommaige quilz ont faict,pour le demourant de leur vie ilz le recompencent on n'a point de deffiãce & craincte qu'ilz retũbent en leurs premieres meurs & est on asseuré auecques eulx, tellement que les pelerins,s'ilz ont quelq̃ voiage àfaire en aulcun lieu,ne vouldroient pas d'aultres guides à les cõduire que telles sortes de serfz & condemnez,qui sont prestez pour diriger les passantz en toutes regions.

Or à commectre aulcun larcin ilz n'ont choses opportunes,premierement leur est defendu de porter iamais baston,puys ce quilz auroient desrobé les accuseroit & manifesteroit leur delict. Dauantaige la peine est toute preste,à qui seroit trouué en malfaict,puis ilz nont espoir de fuir en lieu du monde. Comme se pourroit cacher celuy qui est totalemẽt desguisé de lacoutrement des aultres sil ne sen vouloit fuir tout nud. Et oultre loreille quil a entretailée,le manifesteroit. Il ne fault point craindre aussi quilz puissent faire quelques monopoles & cõspirer cõtre la republicq̃. Premieremẽt les peuples voisins,silz auoiẽt quelque espoir de faire mal,à la region circõiacente & limitrophe,ilz ne le scaroient faire bonnement sans solliciter deuant & essaier les serfz & criminelz de plusieurs regions,qui sont exemptz de cõspirer,car il ne leur est permis seulement de conuenir,hãter, frequẽter, parler & saluer lũ lautre,mesmes silz auoiẽt ce

propos

propos la,encore ne loseroient ilz descouurir à leurs amys:consideré que ceulx quilz taitoient seroient en däger de mort,& ceulx qui le manifesteroient seroient bien recompensez. Dauantaige vn chascun deulx a esperance quen obeissant,& porät la peine patiemmët & donnant bon espoir de son amendement de vie pour laduenir.en ceste maniere pourra quelque fois recouurer sa liberté.Cösideré quon en a veu qui ont esté restabliz & restituez pour leur bonne patience & tolerance.

¶ Apresque ieu recité ces choses,& dict dauantaige quil me sembloit quil ny auoit chose qui empeschast que cela ne ce peust faire en Angleterre,auecques plus grand fruict, que la iustice que ce legiste auoit tant louée, Lequel va consequemment replicquer.

*Iamais cela ne pourroit estre estably en Angleterre,quil ne tournast au grand detriment de la republicque:& en disant ces choses hocqueta la teste,& tordist les leures, & se teust. Lors tous les assistentz furent de son opinion Adonc le cardinal dit.

*Ce nest pas bien deuiné,si la chose doibt venir bien ou mal,quand on nen a point eu encore dexperience.

* Certes si apres que le dictum de mort est prononcé,le prince commandoit lexecution estre differée,& quon experimentast ceste mode prealleguée, en rompant les priuileges des franchises que les eglises ont,& si on sen

trouuoit bien,on debueroit ordonner ainsi e-stre faict:mais si le cas venoit aultrement, a-donc seroit licite de faire mourir ceulx qui parauant auroient esté condẽnez,en se faisant cela ne pourroit estre pernitieux au bien pu-blic,ne plus iniuste que si maintenant ce fai-soit ainsi,ne aussi de la chose nen pourroit ve-nir peril aulcun.

*Dauantaige il me semble quon feroit bien de traicter en ceste sorte vn tas de vagabondz & coureurs,qui vont mendiant parmy le pais & sont tousiours oisifz,contre lesquelz on á tant faict de statutz,mais nen est venu pro-fit.

Apresque ce cardinal eut dict ces choses, tous ceulx qui auoient contemné mes propos les priserent par apres,& singulieremẽt ce qui auoit esté dit touchant lesdictz vagabondz: pource que ledict cardinal si estoit condescen du.Ie ne scay si ie doy taire ce qui sensuiuit. Vray est que les choses estoient ioieuses & pour rire,mais pour ce quil ny auoit rien de mal, & quelles estoient conformes á nostre propos ie les compteray:dauanture en ce lieu assistoit vn flateur, qui contrefaisoit le foul mais pour dire vray il ne faignoit, car il le pouuoit estre. A raison que quand il auoit dit quelque parolle,combien quil nyeust pas grãd fruict ne plaisir,il se rioit,en sorte que la com-paignie se prenoit plus tost a rire de luy que des motz quil disoit:ce neanmoins cest hom-

Ioieulx dialogue dũ frere prescheur & d'vn foul.

me

me touchoit aulcunesfois des poinctz qui nestoient sans raison,& parloit si souuent quen
aulcunz de ses dictz y auoit grace.

Or comme quelqun de ceulx qui estoient
a la table disoit que iauois bien parlé touchāt
les larrons,& aussi auoit le cardinal touchant
les vagabondz & coureurs,& quil restoit àme
tre ordre aux pauures q̄ malladie & vieillesse
auoit constrainctz de mēdier,lesquelz ne pou
uoient faire aulcune besongne pour gaigner
leur vie.

Adonc dit ce foul,laisse moy faire,icy pour
uoiray bien.

Certes ie desirerois grandement que ceste
maniere de gens la fussent sequestrez de mes
yeulx, & quon les mist en quelque lieu que
ie ne les visse iamais,pour ce quilz mont im-
portuné sounentefois de leurs cryz & plain-
ctes,en me demandanr de largent : toutefois
ilz ne seurent iamais si bien chanter, quilz en
arrachassent vn seul denier.

Il aduenoit tousiours que ie nauois le vou
loir de leur rien donner, ou quil ne mestoit
permis, pour ce que ie nauois aulcun bi-
en.

Lordonnā ce dun foul sus les moines mē dians.

Or maintenant ilz sont saiges,car de peur
quilz ne perdent leur peine, quand ilz me
veoient passer par deuant eulx,ilz ne font sem
blant de rien & se taisent, & nesperent non
plus de moy que si iestois prestre.

Mais iordonne & commande par sentence

diffinitiue que tous ces pauures la soient distribuez & departis aux monasteres de sainct Benoist, pour estre illec bourdiqueus , & les femmes quon les mette aux regions des dames, & quon les face moniales.

*Le cardinal adonc si commenca à rire, & approuue en se gaudissant loppinion de cestuy , les aultres à bonescient.

*Mais vn frere qui estoit en la table dudict cardinal, quand il eut ouy parler des prestres & des moynes rētez il se resiouist fort, & commenca à se trufer, combien quil fust homme chagrin & melencolicque. Si neschaperas tu dict il des mendians, si tu ne penses dentre nous freres. Lors dit cest adulatur, on ya desia pourueu, Le Reuerendissime à tresbien ordōné de vous, quand il à esté de oppinion que on debuoit reserrer les vacabondz. & les faire besongner. Certes vous estes grands coureurs.

*Quand les assistens iecterent leurs yeulx sus ledict cardinal, & veirent quil nauoient faict signe à ce fol de se taire, ilz prindrent bien cela, fors ledict frere, lequel estant ainsi touché de ce brocard & lardon, fut si indigné & courrousé , quil ne se peut abstenir diniurier cest homme , (& ne men esmerueille) il lappella menteur , detracteur , medisant , langard & enfant de perdition : allegant sus ces entrefaictes tout plein de menaces terribles de la saincte escripture, adonc ce plaisanteur commença à plaisanter a bonescient

car

car c'estoit son droict mestier,& sonvray exercice,Frere dit il,ne te courrouce point,n'est il pas escript,en vostre patience possedez voz ames,adõc le frere dit, ie reciteray ses polles, [Non irascor furcifer,vel saltem non pecco. Nam psalmista dicit irascimini & nolite peccare.] Qui est a dire ie ne me courrouce poĩt villain,ou a tout le moins ie n'offense dieu, car le Psalmiste dit,courroucez vous & ne pechez point.Ce que voiant le Cardinal admonnesta ce frere doulcement de refreindre ses passions & feist signe audict plaisanteur qu'il se retirast, & changeast les propos en aultre chose plus commode,tost apres se leua de la table,& vacqua à ouyr quelques differẽtz & litiges d'aulcuns clercz,& nous laissa.

¶ Voyla comme ie t'ay ennuié & chargé de mes longs comptes amy Morus,ieusse eu hõte d'y estre si longuement,si tu ne m'eusse prié affectueusement d'ainsi le faire, & ausi pour ce que tu te mõstrois auditeur si attentif,que tu ne voulois que laissasse vn grain de ce propos:ce que i'eusse peu faire plus bref, mais il me falloit narrer au long & tout à net, pour y comprendre l'opinion de ceulx qui au deuant auoient blasmé ce que i'auois dit, & tost apres l'approuerent, pour ce que le Cardinal alloua mon dire: & se monstrerent si grands flateurs que mesmes ilz se consentoient aux inuentions de ce plaisanteur susdict,& les recepuoient quasi comme choses graues, pour ce que

Icy il touche les flateurs.

ce que le maiſtre les prenoit à ieu. Par cela tu peux eſtimer combien les courtiſans feroient compte de moy, & de mon conſeil.

Certes amy Raphaël, diſie, tu as parlé tant prudentement & elegamment que tu m'as fort recrée.

D'aduantage en t'oyant ainſi bien compter il me ſembloit que ie fuſſe non ſeulemēt en mō pais, mais eſtre raieuni pour le ioyeulx record de ce Cardinal en la court du quel i'ay eſté nourry ieune enfant : & pource que tu preſtes faueur à la memoire d'icelny, combiē que tu fuſſes bien mon amy, ſi t'ayme ie encore plus pour ceſte cauſe quand au reſte ie ne puis encores changer mon opinion en aulcūne maniere, que ie ne penſe ſi tu veux induire ta fantaſie à t'accōmoder à la court des princes, que tu ne faces grand bien à la republicque par ton cōſeil, ce qui ſ'adonne & eſt moult ſeant à ton office, c'eſt a dire à l'office d'vn hōme de bien, veu que ton platon dit que les republicques deuiendront heureuſes, ſi les amateurs de ſaigeſſey regnēt, ou ſi les roys ſ'eſtudiēt a ſageſſe. O que felicité ſera loing deſdictes republicques, ſi les philoſophes ſont deſdaigneux de communicquer leur conſeil au Roys & Princes.

* Ilz ne ſont pas dit il ſi ingratz, quilz ne le feiſſent haiƈtément, & qui plus eſt, maintz l'ont deſia faiƈt par pluſieurs liures mis en lumiere, ſi les princes & roys eſtoient appareil-

lez

lez d'obeir à leurs bonnes opinions, mais veritablement platon prenoit bien que fi les roys ne f'applicquoiēt à fageffe, & filz entretenoiēt leurs mauuaifes opinions defquelles ilz font abreuez & tainctz en leurs ieunes ans, il ne fe peult faire pour l'aduenir qu'ilz facent eftime du confeil des philofophes, & de ces chofes le dict platon eut experience enuers le Roy denis.

* Si i'eftois à la court de quelque Roy & ie luy miffe deuant les yeulx quelques bons ftatutz, & que ie m'efforcaffe de luy ofter vne pernitieufe femence de mal, ne penfes tu pas que foudain on ne me pouffaft dehors, ou qu'ō ne fe mocquaft de moy? Prés le cas que ie fois auec le roy de France, & que ie fois de fes con feilliers, & que le Roy prefide en fon confeil eftroict en la compaignie de tout plein de per fonnages prudentz, illec fe faict confultation par quelz artz & inuentions on pourra garder Milan, comme on pourra retirer Naples, deftruire les Venitiens, conquefter toutes les Itales, mettre en fon obeiffance Flandres, Brabant, & toute la Bourgongne, & pareillemēt plufieurs aultres contrées qu'on a eu vouloir d'affaillir.

Icy defcé feille couuertement de faire la guerre en italie.

☛ Vn dira & fuadera quil faut faire appoīctemēt auec les Venitiēs, qui durera feulement tādis qu'il fera cōmode de leur, cōmunicq̄r le cōfeil de Frāce, & leur laiffer q̄lq̄s terres de conqueft, qu'on pourra redemander, quand les

Les suisses sont a qui plus leur dône.

les choses seront venues à fin desirée.

¶ L'aultre conseillera qu'il fault assembler les Alemans, l'aultre qu'il fault attirer les Suisses par argent, l'autre sera d'oppinion qu'on appaise l'Empereur, & qu'on rompe ses entreprinses a force d'or, comme s'on y procedoit par censures, l'aultre de composer auec le roy d'Arragon, & ceder au royaume de Nauarre comme vn gaige de paix, l'aultre sera d'aduis qu'il est commode de retenir le prince de Castille par quelque esperance d'affinité, & alecher par certaine pension quelque nombre des gentilzhommes de sa court pour estre de la ligue des Francois. Or quand le plus gros neu, & la plus grande difficulté d'entre toutes ces choses se met sus le bureau, c estascauoir qu'il fault ordonner d'Angleterre, on dira qu'il est decent de traicter paix auec les Anglois abstreindre & retenir estroictement les confederez inconstantz, qui facillement se reuoltent, soient appellez amis, & souspeconnez comme ennemis.

Il fault dresser les escossoys, & qu'ilz se tiennent prestz, a tous heurtz, si d'aduenture les Anglois se vouloient mouuoir.

D'auantaige est il pertinent d'entretenir quelque noble personnage exilé, tout secretemēt, car l'accord qui sera faict prohibe que la chose ne se face apertemēt, lequel aura different auec le roy d'Angleterre disant que le royaulme luy apartient, affin qu'a ceste occasion

sion il ayt ledict prince suspect. Or si en ceste grãde difficulté, ou il aura tant d'excellẽtz personaiges qui seront tous de conseil qu'on doibt faire la guerre, moy qui suis homme de petite estophe ie me leue, & delibere qu'on doibt faire le cõtraire, qu'il fault delaisser l'Italie, & demeurer en son pais, & que le royaulme de France est quasi plus grand, que cõmodément il peult estre administré d'un seul prince: & que ne doibt le roy pẽser d'adioindre les aultres royaulmes auec le sien, finalement si ie leur proposois les statutz du peuple des achoriens, opposite à l'Isle des Vtopiẽs du costé d'Euronotus, que les marigniers appellent le vent de sourouest, lesquelz feirẽt quelque fois la guerre, affin qu'ilz obtinssent & conquestassent vn aultre royaulme que le leur à leur roy, lequel il querelloit lui apartenir, à cause d aucune affinité, ce qu'ilz feirent mais apres qu'ilz eurent conquesté voiantz qu'ilz n'auoyent pas moins d'ennuy & angoisse à le garder, quilz auoient souffert à lacquerir: & que assiduellement se faisoient rebellions en cedict royaume, ou incursions des estrangiers à lencontre des renduz, ainsi tousiours falloit guerroier pour eulx, ou contre eulx, & ne leur estoit loisible de laisser leurs exercites, ce pendant ilz estoiẽt pillez, leur argent se portoit en estrange pais, leur sang sexposoit à lappetit & honneur d aultruy, silz auoient d'aduenture paix, ilz nen estoient guere plus

Exemple digne d'estre note.

re pl⁹ asseurez, les meurs se corrōpoiēt & deprauoient, vn vouloit de desrober s'acoustumoit, audace se fortifioit par meurtres, on cōtēnoit les loix pour ce que leur prince entētif au regime & soucy de deux royaumes, ne pouoit entendre à l'un & l'autre.

Or quand ilz veirent que fin ne se metoit à tant de maulx, s'assemblerent & tindrent conseil treshumainement donnant l'option à leur roy de retenir lequel qu il vouldroit des deux royaumes, disant qu'il n'eust sceu regir l'un & l'aultre, & qu'ilz estoient si grand nombre, que leur administration pouoit bien contenter deux roys, & qu'il leur appartenoit bien d'en auoir vng a tout par eulx, veu qu il n'est personne de si petite condition ou estat, s'elle auoit vn muletier, qui le voulsist faire commun à aultruy.

* Ainsi ce bon prince fut contrainct de laisser ce nouueau royaume à quelque vn de ses amys, (qui en fut en bref deiecté) & de se contenter du sien.

Consequemment si ie remonstrois toutes les entreprinses des guerres, pour lesquelles tant de nations estoient en different à cause de ce roy, tant de thresors euacuez, son pauure peuple destruict, & combien que aulcunefoys par quelque fortune ceulx a qui on a la guerre cedent, toutesfois c'est en vain, pourtant se doibt vn roy tenir & habiter en son royaulme sans tirer oultre, l escroistre

&

& orner autāt qu'il peult, & le faire tresflorisant, aymer ses subiectz, estre aymé d'iceulx, viure ensemble auec eulx & leur commander doulcement, & laisser la les aultres royaulmes en leur entier, puisque celuy qui luy est escheu, est assez ample, & plus riche qu'il ne luy fault.

Escoutera lon voluntiers ce mien propos a ton aduis amy Morus, gueres ne presteront l'Oreille à ta harengue, disie.

Or passon oultre dit il, s'il aduient que les conseilliers de quelque roy conferent ensemble & reduisent en memoire en la presence de cestuy Prince par quelles finesses ilz luy pourront amasser de l'argent.

L'un dira qu'il fault descrier ses monnoyes, & à raison qu'il fault que ledict Prince baille & paye a quelques vngz grosse somme d'or, il sera bon de hausser l'or, puys le dealler & abaisser de prix quand il sera question d'en demander a son peuple, & apres auoir receu le remetre en son premier estat. Ainsi de peu payera beaucoup, & pour peu recepura beaucoup.

L'autre conseillera que il faigne auoir la guerre contre quelque nation, & soubz ceste couleur il tyrera force dargent de ses subiectz.

Puis quand aura amassé ceste pecune, quand luy semblera bō face voler le bruit de paix entre ses ennemis, affin que to⁹ ceulx qui sont

ſõt ainſi aueuglez & enchãtez, & qu'ilz diẽt n
ſtre prince eſt pitoyable il a cõpaſsiõ deſpan
dre le ſang humain, lautre luy mettra a la fa
taſie que tous ſes ſubiectz ont tranſgreſſé au
cunnes vielles ordonnances, mẽgẽes des ver
toutes moyſies, & par longue deſacouſtuma
ce inueterées, que nul nauoit la memoir
quelles fuſſent faictes, & quil en doibt dema
der les amendes, diſant quil ne luy ſcauroi
eſchoir plus grand reuenu que de cela, ne plu
honorable, de raiſon quun prince repreſent
la perſonne de iuſtice. Il eſt admonneſté du
aultre quil defende beaucoup de choſes ſu
groſſe peines, & ſpecialement ce qui ſera à lu
tilité de ſes ſubiectz, quand ne le ſera point,
puis vienne à compoſer auec leſdictz ſubiectz
& les diſpence par pecune, pource que la de
fenſe leur eſt pernitieuſe, ainſi aura la grac
de ſon peuple, & luy en reuiendra double pro
fit, auſsi luy reuiendra gros deniers ſil a quelques theſauriers ou recepueurs quauarice &
couuoitiſe de gaing aura attrappé à ſes retz,
& auront ma verſé en ſes finances, quand ſeront mulctez & puniz de leur larcin, ou quãd
il vendra les priuileges dune cõmunaulté à
quelque aultres trop plus dargent quil neſt
pas bon prince, pource quil donne le bandon
& licence à quelquun en particulier de iouir
dune choſe, qui eſt au preiudice dvn peuple, &
pourtant ne le vend il point quil nen ait gros
deniers, laultre lui perſuadera quil abſtreigne
à ſoy

ā soy quelques Iuges qui en toutes choses debatront & contendront pour le droict du roy ce qui luy appartiendra, puis les fera venir au palais en son parlement les inuitāt de faire recit de ses matieres deuant soy, ainsi il n'aura matiere si manifestement iniuste ou quelque vn desdictz iuges ne treuue quelque ouuerture par laquelle ne se puisse estendre tromperie, ou en contredisant, ou de honte de parler, ou affin qu'ilz acquierent faueur enuers ledict prince, en ce pooinct quand lesdictz iuges seront repugnantz, & d'oppinions contraires l'ung à l'aultre en vne chose de soy tresclaire, & qu'il n'eust mestier d'estre disputée, si que la verité de la cause qui est inique, a ceste heure la vient en doubte, sur ce poinct le prince a occasion d'interpreter le droict à son profit considere que les vns ont honte de parler deuant soy, & les aultres craignent, ainsi la sentence se prononce sans crainctè à son intention. Certes celuy qui donne arrest pour luy n'est iamais despourueu de couuerture, vmbre, ou couleur, il dira qu'il luy suffist que le droict est de sa part, ou il rournera les parolles & le sens de la loy, l'interpretant à son plaisir. Puis alleguera la prerogatiue, excellence, & préeminence du prince qui ne doibt estre disputer, & que le prince est sur la loy, se confirmant au dit de Crassus, qui disoit que le prince qui anoit charge d'entretenir vn excercite, ne pouoit auoir assez d'or. & d'argent d'a

Le dict du riche Crassus.

D uantaige,

uantaige ledict iuge alleguera qu'un roy ne peult rien faire iniustement, quand son plaisir est tel pour ce que tout le bien des subiectz est a luy,& mesmes les corps,& que le peuple n'a rien propre,fors seulement ce que la benignité & courtoisie d'un roy luy permet posseder,& ce qu'elle ne luy aura osté, & le moins qu'il en pourra auoir,ce sera à la grande vtilité du prĩce,de peur que ledict peuple,duquel il à la garde,par richesses & liberté ne s'effemine & enfierisse & qu'il ne veuille endurer patiemment l'iniuste & dur commandement de son seigneur: veu qu'au contraire pauureté & necessité rompt,brise,& abaisse les couraiges,& les faict patientz,en sorte que les nobles & magnanimes espritz par oppresion sont deuallez,& exemptz de rebellion.

Or si en ce conclaue ie me lieue de rechief pour dire mon opinion,& debas contre les susdictz aduocatz que tout leur conseil n'est honneste au roy,& qui plus est,luy est pernitieux & dommageux, duquel non l'honneur seulement,ains aussi la seureté sont comprins & situez plus au richesses de son peuple, que au siennes, & que ledict peuple l'eslit pour son affaire,& non pour l'affaire dudict prince, affin que de son labeur & estudie il viue commodement, le defendant du tort & iniure que on luy pourroit faire vng bon Prince doibt estre plus soulcieux que ses subiectz se portent bien,que luy mesme, tout ainsi que

c'est

ceſt l'office d un paſteur d'eſtre plus ſoucieux de nourrir ſes ouailles que ſoymeſmes, entãt qu'il eſt berger.

Et quand a ce qu'ilz ſont d'oppinion que la pauureté du peuple,eſt ayde de paix,l'expe rience nous enſeigne aſſez qu ilz faillent gran dement,Mais ou trouuera lon plus de noiſes & contentions,que entre gens mendians? qui eſt ce qui deſire plus le changement & muta tion d'un regne,que celuy à qui deſplaiſt l'e. ſtat & maniere de viure de ſon temps ? qui prend plus grand hardieſſe de faire vn trou- ble en toutes choſes, que celuy qui ne a que perdre ? Et ſi vn roy eſt tellement contemné & hay de ſes ſubiectz qu il ne les peult aultre- ment retenir en ſon obeiſſance ſinon par male dictions,iniures,pilleries, & grandes perſecu tions,& les redige à mendicité.

¶ Il vauldroit beaucoup mieulx que il quic- taſt & delaiſſa ſon royaulme,que de les trai- cter & gouuerner par telz artz, par leſquelz combien qu'il retienne le nom & tiltre de roy,ſe perdra il ſa maieſté.

¶ Cela eſt bien mal ſeant à ſi excellente di- gnité Royalle, de auoir le regime de men- dians:mais il quadre bien mieulx de auoir la domination & gouuernemẽt d'un peuple opu lent & eureux:ce que cognoiſſoit bien Fabri- cius rommain,homme vertueux & magnani me, quand il reſpondit que il aymoit mieulx dominer ſur les riches, que de eſtre riche

❡ Certes quand il aduient qu'un prince viue seul en plaisir & delices, & que tous ses subiectz gemissent de toutes partz & lamentent, pour la pauureté ou ilz les à mis, cela n'est pas office de roy, mais d'un geollier. Finalement ainsi qu un medecin n'est pas tenu scauant, qui ne scaroit guarir vne malladie sans en adiouster vne, aulsi est estimé vn prince ignorãt & cruel qui ne scait par aultre voye corriger la vie de son peuple, sinon en luy ostant l'usaige & commodité de la vie, & confesse hardiment qu'il n'entend rien a gouuerner gens libres & francs, doncques qu il change sa laschete ou son orgueil : car par telz vices souuent aduient que le peuple le contemne ou hait, viue de son reuenu sans porter greuance a au cun, sa despence soit mesurée à ses possessions, reserre les malefices, instruise bien ses subiectz, & ne permette croistre les delictz, lesquelz il fauldroit qu'il punist par apres, les loix abolies par coustume, qu'il les reuocque discretement, specialement celles qui ont esté long temps delaissées, & ne sont peries, qu'il ne preigne argent a cause d'un delict ou offence, ce qu'un iuge ne souffriroit faire a personne priuée, comme chose iniuste & fallacieuse.

Loy admirable des Macarenses.

☛ Si ie leur proposois la loy des Macarẽses, qui ne sont pas gueres loing de l'Isle d'Vtopie, qui le premier iour qu ilz on faict vn roy, auec grandes cerimonies l'arresterent de iurer solennellement, qu'il n'aura iamois à son thesor plus de mille liures d'or ou autant d'argent à la valeur dudict or, ilz disent que ceste loy fut instituée de quelque bon prince, qui auoit plus à coeur l'utilité du pays que ses propres richesses, qui estoit vn obice d'assembler tant de pecune, que le peuple en fut pauure. Certes cestuy roy consideroit que ce thesor la estoit assez suffisant pour contreuenir aux rebellions de ses subiectz, & incursions des ennemis, vray est qu'il n'estoit assez ample pour inuader les aultres royaumes, pour donner à cognoistre qu'un prince se doibt contenter du sien, qui fut cause principale de construire ceste ordonnance, l'aultre cause qui l'induisit, c'est que par cela il pensoit auoit si biẽ pourueu qu il ni auroit deffaulte de pecune, quand il seroit question que les citoyens vouldroiẽt entraphicquer, & faire quelque commerce entre eulx. Et considere aussi qu'il estoit de necessité au roy de bailler tout ce qui estoit de surplus de son thesor a sesdictz subiectz, par cela n'auoit occasion de chercher les moiens de les piller & leur faire tort.

☞ Vn roy qui feroit le sẽblable seroit craĩct des mauuais, & aymé des bons, si ie m'allois ingerer de proposer ces choses, ou auitres semblables deuant des personnages, qui seroient totalement enclins à faire le contraire, ie reciterois vn compte à gens lourds, certes disie non à sourds, ains tressourds, & ne men esbahi Prouerbe.

& ne suis point d'aduis(affin que ie die la verité) q̃ tu te doibues immiscuer de tenir telles parolles,& donner tel conseil, si tu es certain qu'on ne le doibue recepuoir, que profiteroit tel deuis inacoustumé & comme pourroit il entrer au coeur de ceulx à qui on a persuadé l'opposite,ceste philosophie scholasticque est plaisante entre amis en leurs familiere confabulations, mais il n'est pas temps d'alleguer ces choses au conseil des princes,ou les grãdz affaires se traictent auec grãde authorité,c'est dit il ce que ie mettois en auãt,qu'on ne sçauroit admetre de tenir termes de philosophie deuãt les princes,ouy bien disie de ceste philosophie scholasticque,ou il fault parler frãchement,il ya vne aultre philosophie plus ciuile,qui a son theatre propre,& s'accommode à la fable qu ō ioue,& garde son office & droict honnestement auec grace & condecence.

Philosophie scholasticque.

❡ Il te fault vser de celte la, prenons le cas qu'on ioue quelque comedie de plante,ou certains seruiteurs & flatereaux vsent de bourdes & mensonges entre eulx,& tu te presentes deuant le pulpitre en habit de philosophe, & racomptes ce passaige d'octauia,ou Senecque dispute auec Nero, te vauldroit il pas mieulx taire que de mesler ta tragedie, auec leur comedie, tu corromps & peruertiz la fable qu'on ioue,car tu mesles choses contraires,combien que ce que tu allegues soit meilleur,si tu as entreprins quelque ieu, ioue le mieulx

Merueilleuse diminution que les grecqs appellent miosis.

mieulx que tu pourras,& ne trouble ne change rien,pourtant ſil te vient a la memoire d'une aultre fable qui ſoit plus belle, & plus elegante ainſi eſt en la republicque.

Ainſi en aduient au conſeil des princes. Si les mauluaiſes opinions ne peuuent eſtre totalement oſtées,& ſi on ne peut ainſi qu'on deſire remedier au vices receuz par vſage: nõ pourtant doibt eſtre delaiſſée la republicque, ainſi qu'une nauire en temps de tormente,ſi les ventz ne peuuent eſtre reprimez.

Certes il ne fault point emplir les aureilles des princes d'un propos inſolent & inaccouſtumé, lequel tu cognoiſtras n'auoir paix enuers leſdictz princes,qui ont eſté perſuader au contraire,mais il ſe fault efforcer par vne menée oblicque que tu traictesde tout ton pouoir toutes choſes cõmodement,& ce que tu ne peult tourner en bien, fay a tout le moins, que ce ne ſoit pas ſi grand mal. Certes il ne ſe peut faire que tout voiſe biẽ,ſi tous ne ſont bons : ce que ie n'eſpere qu'il ce puiſſe faire encore de long temps. En ceſte ſorte dit il rien aultre choſe ne ce feroit , ſinon quand ie penſerois donner remede a la fureur des aultres , moymeſme auecques eulx ie deuiendrois fol. Or ſi ie veuil dire le vray, il ſera neceſsité que ie die telles choſes cõme iay deuãt allegué,ie ne ſcay ſi les philoſophes ont accouſtumé de mẽtir,mais quãd a moy ce neſt poĩt mõ naturel ne mõ meſtier. Et combiẽ q̃ mes parolles parauenture ne ſoient agreables aux ſuſdict, & leur ſemblent facheuſes , ſi eſt ce quelles ne ſont point ſi eſtranges , q̃lles ſoiẽt indiſcrettes & impertinentes, ſi ne propoſois ce que ſainct Platon en ſa republicque , ou ce que font les Vtopiens en la leur, iacoit ce que ces choſes la fuſſent meilleures (comme il eſt certain que ainſi eſt) toutesfois ſeroienr veues biẽ eſtrãges, pource quẽ ce pais tout y eſt particulier, & en Vtopie toutes choſes ſont communes, mes propos ne pourroient plaire ſinõ a'ceulx que ie aurois reuocquez & retirez de ceſt erreur , & leur aurois monſtré les perilz ou ilz fuſſent tũbez, ſil euſſent ſuiui le chemin quilz auoient deliberé a par eulx de prendre, queſt il cõprins a ce que iay allegué , qui conuienne, & ſoit de neceſsité eſtre dict en tout lieu, & fut ce deuant les princes.

Les ſtatutz des Vtopiens

Or ſil fault taire , & obmettre les abuz que les hommes ont faictz par leur vie mauuaiſé, comme ſi ce fut choſe inſolente eſtrange & non accouſtumée de le dire , par ſemblable raiſon il fault que nous diſsimulons entre les chreſtienz toutes les choſes que noſtreſeigneur Ieſuchriſt à enſeignées & a tant deffendu que on ne les diſsimule : en ſorte que ce quil a dict en ſecret meſmes a ſes diſciples , il a commandé eſtre preſché publicqnement, deſquelles choſes la plus grãde partie eſt bien plus eſtrange aux meurs de ce temps preſent, que ne ſont les patolles que iay dictes.

* Ie croy quaulcunz prescheurs, personnaiges subtilz ont ensuiuy ton conseil, lesquelz apres auoir remonstré la parolle de dieu les hômes auec difficulté toutefois souffroiét leurs mœurs estre conformées à la reigle de Iesuchrist, puis pource que sa doctrine leur sẽbloit trop pesante & difficile a faire, ilz la feirent quadrer & cõuenir à leurs mœurs & maniere de viure, affin quen ceste sorte les commandementz de Iesuschrist & leur vie mauuaises fussent conioinctz ensemble. En quoy ie ne voy point quilz ayent rien profité, si nõ quilz estoient plus asseuréement mauuaiz.

❡ Certes si ie estois au conseil des princes ie y profiterois autant, ou ie serois d'oppinion cõtraires aux aultres, qui me vauldroit autant comme si ie n'auois rien opiné, ou ie serois conforme à leur' dire, & pour coadiuteur de leur follie, comme dict Mitio en Terence.

* Ie n'entend point bien ce que tu dis quil fault proceder par vne voie foraine & menée oblicque quand on est au conseil des princes, par laquelle on se doibt efforcer ainsi que tu es d'oppinion, que si toutes choses ne peuuẽt estre rendue bonnes, quelles soient traictées commodément, & soiẽt faictes le moins mauuaises qu'on pourra.

❡ Certes ie ne puis concepuoir ton dire, veu qu'an conseil, il n'est permis de rien dissimuler ne pallier, les opinions mauuaises, il les fault approuuer apertement, & se consentir

aux

aux ſtatutz pernitieux & peſtilent. Celuy qui blaſmera vne mauuaiſe opiniõ,ſera tenu pour eſpie,ou quaſi cõme vn ꝓditeur. Ie ne treuue point qu'entre telz conſeillers vn homme de vertu y puiſſe profiter,pour ce qu'ilz gaſterõt plus toſt vn perſonnaige bien reputé , qu'ilz ne ſe corrigeront.

¶Ou il ſera par leur manuaiſe conuerſation depraué, ou luy eſtant innocent & entier,ſera couuert & chargé de la malice & follie d'aultruy,voilà comme ie penſe que par ceſte palliation & diſſimulation que tu dis , rien ne ſe peult conuertir en mieulx. Pourtant le Philoſophe Platon donnné à cognoiſtre par vne treſbelle ſimilitude ,pourquoy à iuſte droict les ſaiges ſ'abſtiennent de vouloir prendre le regime de la republicque.Quãd(dit il)les perſonnaiges pendentz voient le peuple. Parmy les carrefours & places publicques reſpandu qui ſe laiſſe mouiller a vne groſſe pluye qui chet inceſſamment d'enhault,& ne luy peuuent mectre en teſte,qu'il ſe mette hors de la pluye,& quil cherche le tapy , cognoiſſantz donc quilz ne gaignerõt rien ſilz ſaillent hors ſinõ quilz ſeront mouillez cõme les aultres, ne partẽt de leurs maiſõs:& leur eſt aſſez,puis quilz ne peuuẽt remedier à la folie daultruy, de ſoy tenir en lieu ſeur. Certes amy mor⁹ (affin q̃ ie le die à la verité ce que i'ay a la fãtaſie) il me ſemble quẽ toutes partz ou les biẽs ſõt particuliers, & ou on meſure toute choſes

à la

á la pecune, en ce lieu la, a grãd peine peut on iamais faire, quune republicq̃ ſoit traictée iuſtemẽt & eureuſemẽt, ſi tu ne dis que ceſte qui té, quãd to⁹ les pl⁹ grãds biẽs viẽnẽt es mains des pl⁹ meſchãtes pſonnes, & ſi tu nes doppi niõ que ceſt felicité, quãd toutes choſes ſont p ties & diuiſées entre peu de pſonnaiges. Veri tablemẽt leſdictz pſonnaiges nõt eu leſdictes poſſeſſiõs cõuenablemẽt, veu quil nya ſeulemẽt queulx qui ayẽt les biens, & les aultres demeurẽt pauures & miſerables, pourtãt quãd a par moy ie cõſidere les treſprudentes & treſſainctes cõſtitutiõs des Vtopiens, enuers leſquelz, le biẽ public eſt tãt biẽ & aptement regy auec ſi peu dordõnãce, qua vertu eſt dõné le prix. Et cõbiẽ q̃ tout ſoit egalle, nõobſtãt vn chacũ a des biẽs a plãté. Cõſequemmẽt quãd ie cõpare a leur maniere de faire tãt de natiõs leſquelles font touſiours quelques ordõnãces, & ny en a pas vne qui ſoit bien ordonnée, certes ie ny treuue nulle comparaiſon. Entre icelles ce quvn chacun acquiert, il nomme ce bien la, ſon propre, & combiẽ que tous les iours il ſe face en ces contrées nouuelles loix & ſtatutz, toutefois ne ſemblent eſtre de grande force, car les hommes entre eulx ne peuuent iouyr de leur bien particulier paiſiblement ne le garder, ne le congnoiſtre lun dauec lautre. *Ce que no⁹ demõſtrẽt facilemẽt les procez infinizq ſourdẽt to⁹ les iours, & qui ne prẽnẽt iamais fin. Quãd ie penſe toutes ces choſes ie

ſuys

ſuis d'oppiniō cōforme à celle de Platō:& ne meſmerueille point ſi daigne oncq̄s faire loix à ceulx qui refuſerent de viure en cōmū. Certainement ce prudent perſonnaige prenoit eſtre la ſeule voie du ſalut publicque,ſi les hommes viuoient en communité de bien,ce qui ne ce peut iaimais faire ou il ya propríeté.

❧Quand vn chacun en attire à ſoy autant qu'il peult combien qu'il y ait abondance de biens au monde,& que peu de perſonnes partent entre eulx tout l'auoir,ilz delaiſſent aux aultres pauureté & indigence:& aduient que les pauures auroient beaucoup mieulx merité auoir ſi opulente ſubſtance,que les riches:car les riches ſont rauiſſantz,mauuais & inutiles: au contraire les pauures ſont modeſtes, ſimples,& de leur iuduſtrie quotidiane plus liberaulx & courtois à la republicque, qu'a eulx meſmes. Ainſi ie ſuis d'aduis qu'un biē public ne peut eſtre iuſtement & eureuſement adminiſtré,ſi non oſte ceſte proprieté de biens: & ſi elle demeure entre les mortelz. La meilleure & la plus grand' partie des hommes demeurera en indigēce,calamité & anxieté.Et combiē quon peuſt aulcunement ſoulaiger leſdictes nations viuantes en proprieté,ſi ne leur ſeroit on tollir,plainement pauureté & miſere.

❧Vray eſt qu'en ordonnant qu'on poſſedaſt certain nombre de terres,& non plus qu il ſeroit licite,& qu'un chacun fuſt taxe de payer tribut au prince, ſelon, la vraye & legitime me estimation de ses biens, la chose se pourroit adoulcir. Pareillemēt que le prīce ne fust trop riche, le peuple trop arrogāt, quil ny eust ambition aux offices & dignitez, & quelles ne fussent baillees au plus offrant, & quon ne fist si gros fraiz á les auoir: car par cela est donnee occasion aux marchantz den reffaire leurs deniers par fraude & rapine. Ainsi il est de necessité, puis quon y va par argent, de preferer les riches audictes offices, ou on feroit beaucoup mieulx dy metre gens prudentz & discretz cō bien quilz fussent pauures.

☞ La ou regne telle particularité de biens, les abuz peuuēt bien estre adoulciz mitiguez par les statutz deuant dictz, mais de les corriger & extirper totalement, il ny fault point auoir desperance, nō plus quon á dun corps ha bandonne des medecins, lequel on peult faire viure plus longuement par quelques applications, appareilz, ou restaurant, mais de le reduire en son embompoinct il est impossible. Quand on sefforcera dauoir la sollicitude dun membre, on rendra les aultres plus mallades, ainsi naistra de la medecine dun, la malladie de lautre, puis quon ne peust bailler á lun, quon noste á lautre.

☞ Il mest aduis tout le contraire disie, & suys doppinion que la ou toutes choses sont communes, quon ny peut viure aptement & commodément.

☞ Comme y aura il abondance de biens, la

ou vn

ou vn chacun sexemptera du labeur, quauray ie affaire de tormẽter mon coeur & mõ corps a besongner,quand lesgard de mon gaing & profist ne my cõtrainct point. La confiance que iauray à lindustrie daultruy me rendra nõ challant & paresseux.Si de hazard iay deffaulte,& iay beaucoup trauaillé a amasser dubien toutefois il ne mest permis par nulle loy de le cõseruer,& men ayder,par cela on vient à mille meurtres,& perpetuelles seditions. Ie ne puis reduire en ma memoire que police puisse estre,entregens ou il nya different & discrime de personnes,& ou vn chacú est maistre,ie ne mesbahy point dit il si tu as ceste aprehention la,car tu ne considere au vray la chose comme elle est,ou si tu en as quelque consideratiõ, tu la digeres mal. Certes si tu auois este aueccques moy en lisle d'Vtopie, & eussent veu à loeil la maniere de viure,& les statutz du pais cõme iay faict,(qui y ay demeure & vescu pl⁹ de cinq ans,& iamais ie nen eusse voulu partir si neust esté pour manifester ceste nouuelle terre)tu cõfesserois que tu naurois veu en nul endroict du monde vn peuple mieulx enseigne & ordonné que cestuy la veritablement dist Pierre Gille a grande difficulté me mettrois tu en teste,quil y eust en ce nouueau pais vne gent mieulx arroiée & establie,quen cestuy,ou il nya pas moins bonsespritz,& ou les republicques soint ce pence ie de plus grande anciennete,& ou le longvsaige à trouue maintes

tes chofes commodes & conuenables à la vie fans toucher à ce qui à efté inuenté daduenture & cas fortuit,ce que nul efprit neuft fceu excogiter.

*Quand à lantiquité des republicques dict il tu parlerois aultremẽt & plus veritablemẽt si tu auois ouy pler les hyftoriẽs de cefte regiõ, en la quelle,fi nous voulons croire à leurs dictes chronicques,il y auoit des villes fituées, premier quil y euft des hommes en la noftre.

*A cefte heure tout ce qui a efté trouué iufques icy par engin humain,ou par cas fortuit, il a peu auoir efté en lun & lautre lieu,ceft a-dire en noftre pais & au leur auffi.

* Quand au demeurant ie pence bien que nous fommes gẽs de plus grãd efprit queulx.

*Mais deftude & induftrie, pour certain ilz nous furmontent de beaucoup.

*Or ainfi que contiennent leurs chronicques auant que noz marinieres abordaffent en leur terre,ilz ne cognoiffoient rien de nous, quilz appellent Vltrequinoctiaux,ne de noz affaires,& fi nen auoient iamais ouy parler, finon depuis mille deux cẽtz ans,de hazard quelque nauire en leur ifle perit,qui yauoit efte portée par tempefte,& quelques Rommains & Egyptiens qui eftoient dedans fi fauluerent,& vindrent à port,& ne partirent iamais de le para pres.

*Or q̃ feirẽt lesvtopiẽs,apres auoir receu ces paoures marigniers cefte opportunité venant

daduenture

daduenture leur fut grandement commode par leur industrie:car il ny auoit rien par tout lempire Romain,dont il leur en pouuoit venir quelque fruict,quilz naprinssent de leurs hostes, ou quilz ninuentassent apres auoir tant soit pour interrogué des choses,voila le grād bien qui leur aduint de ce quaulcunz de pardeca furent transportez en leur contrée.

Or si quelque semblable fortune a aultrefois contrainct aulcun deulx estre deiecte par tormente en cestuy nostre pais,il nen est non plus de memoire quil sera possible quelque temps,que iay esté au leur.

¶ Et tout ainsi quincontinent quilz ont receu vne chose de nous inuenteé,qui leur est vtile, la font sienne,au contraire ie croy quil sera long temps,auant que nous prenons vn affaire deulx mieulx estably,quil nest en nostre climat,qui est la seule cause que leur republicque est plus prudemtement administree, & plus eureusement fleurist que la nostre.

Doncques amy Raphael disie, ie te prie exprime nous ceste isle, & ne sois brief, Ains declaire nous par ordre les champs, les villes,les hommes,les meurs,lés statutz , les ordonnāces,& toutes choses que tu vouldras que nous cognoissons.

Ie pense quil te plaira bien nous expliquer tout ce de quoy nous nauons encore la congnoissance. Ie ne feis iamais rien dit il de meilleur cœur,& suis tout prest quand vous vouldrez,

vouldrez, mais la beſõgne requiert biẽ auoir le loiſir. Allons donc diſie la dedans diſner, & toſt apres nous prendrons l'opportunité à noſtre veuil ſoit faict dit il.

☞ Or apres que nous fuſmes entrez en mon hoſtellerie nous diſnaſmes, & apres diſner nous retourmaſmes en noſtre meſme lieu, & nous ſeimes au meſmes ſiege, commandames à noz ſeruiteurs qne nul ne nous rompiſt & empeſchaſt, puis moy & Pierre Gilles admon neſtans Raphael de nous tenir ce quil auoit promis. & quand il vid que nous eſtions enten tifz, & cõuoiteux d'ouir, quelque peu deſpace en ſilence & penſif ſ'aſſeit, puis commenca en ceſte maniere à parler.

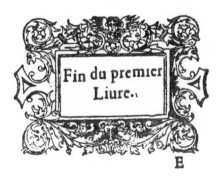

Fin du premier Liure.

Le Second liure de la description de l'Isle d'Vtopie

Thomas Morus.

LISLE DES VTOpiens par le meillieu, qui est fort plantureux, a de largeur & estendue deux lieues : & nest gueres moins estroicte par tout, si non que vers les deux boutz, tant dun, costé que daultre petit à petit elle setresse. Ceulx du pays, quasi comme silz lauoient cõpassée luy donnent de tour deux centz cinquante lieues, & la figurét tout ainsi qu'vn croissant la mer qui flue entre les deux coingz, à gasté & rompu bien enuiron cinq lieues de terre, laquelle si respand par vn grand pays vuide, & nest subiect à ventz ne

tormentes

tormentes, pource que tout à l'entour les terres y sont haultes & esleuées. L'eau y est dormante & crye, & semble estre vn grand Lac, qui ne faict dommaige á rien. Tout le meillieu presque de ce territoire ne leur sert quede port, & transmet les nauires en toutes regiõs, au grand profist & vtilité des humains.

¶ Les destroictz de ceste mer sont dangereux & redoubtables, pour les rochiers, & guez qui sont en ce lieu Au meillieu forment de la distance & interualle, entre ceste isle & le pays circonuoisin en la mer. y apparoist vn rocher qui ne leur est nuisible, ains leur sert de forteresse contre leurs ennemyz. Il ya daultres Rochiers dens la marine cachez qui sont dangereux. Le canal de ceste mer, a eulx tous seulz leur est congneu, parquoy quand quelque estrãger veult entrer en ce bras, fault qu'il soit guidé par aulcun vtopien, & ceulx mesmes ny osent entrer, s'ilz ne fichent quelques paulx, qui leur monstrent du riuaige le chemin seur.

Le lieu seur de nature est defendu & garde dun rocher qui luy sert de forteresse.

* Certainement ces paulx icy plantez en diuers lieux, pourroient facilement endommaiger quelque grand flotte de nauires d'ennemyz, qui illec aborderoient.

* De laultre costé de ceste isle ya force haures, & pour entrer en ceste terre, fault descẽdre de toutes partz, & sont si muniz & fortifiez, tant de la natture du lieu, ou par art, qu'vn gros excercite de gens de guerre peult estre repoulsé de la auec

petit train de soldadz. Dauantaige ainsi quon dict, & ainsi que lassiete du lieu le mõstre, ceste terre au temps passé nestoit ceincte de mer, mais le duc vtopus, qui en leur langue signifie vaincqueur, & du quel lisle porte le nom, car au parauant estoit appellée abraxa, & qui introduisist ce peuple rude & agreste à telle religiõ & humanite, que maintenant surmonte presque tous les viuantz, soudain à la premiere arriuée conquesta ceste isle & demeura vaincqueur: puis du costé ou elle se ioignoit à la terre voisine qui nestoit point isle en feist couper bien sept lieues & demie, & feist passer la mer tout en tour.

Vtopie dicte & nommée dVtopie leur prince.

Or a ceste besongne ne contraignit il seulement les habitantz, estranger, affin quilz ne reputassent ce labeur a iniure, ains aussi mesla ensemble tous ses souldadz, & quand cest ouuraige fut liuré & distribué a si grande multitude de gens, la chose fut mise afin dune merueilleuse & incredible diligence. Les voisins qui au commen ement se mocquoient, de ceste folle & vaine entreprise, sesmerueillerẽt & estonnerent den veoir leffect eureux.

Les villes de lisle dVtopie.

Similitude est cause de concorde.

Ceste isle contient cinquante & quatre villes, toutes plantureuses & magnificques, dune mesme langue, de semblables meurs, statutz, & ordonnances, toutes dune mesme situation, & par tout entans que le lieu si adonne, dune mesme semblance. Celles qui sont les plus prochaines, ne different point plus

plus loing l'vne de l'autre que de douze lieues. Dauantaige il ny en a point de si loingtaine, qu'on ny puisse aller à pied en vn iour de lune à lautre. De chacunne ville on eslit trois bons vieillartz bourgeois, biē experimētez, qui tous les ans se transportent à la ville dAmaurot pour traicter des communz affaires de Lisle. Certes ceste ville est la capitalle, pour ce quelle est plantée au meillieu de ceste terre, & a raison quelle est opportune aux ambassades qui peuuent venir de tous costez. Les champs sont si commodement assignez aux citez, que nulle de costé & dauldre, na moins de dix lieues de terre: Aulcūnes en ont plus, selō quelles sont separées les vnes des aultres, nulle ville na couuoitize daugmenter & escroistre ses limites, pour ce quilz ont des laboureurs quilz estiment estre mieulx maistres de la champaigne, queux mesmes. Ilz ont par tous les chāps des logis bien equippez & estorez de rusticques instrument. Les bourgeois chacun à son tour y vont demeure. En vne famille rusticque il ne sont point moins en hommes & femmes que quarante, fors deux seruiteurs qui y sont adioustez de surplus, & sur tout cela y a vn pere de famille & vne maistresse demaison graues & saiges, qui ont la charge, à chacune trenteine de familles est constitué vn chef, capitaine & dominateur, qui sappelle Philarcque, cestadire amateur de principaulté: de chacune famille tous les ans de ceulx qui ont de-

Petit interualle entre les villes d'Vtopie.

distributiō des chāps.

Le cōtraire ce faict maintenāt par toutes les republicques du monde.

Le principal loing c'est du labouraige.

meuré deux ans aux champs, il en retourne à la ville vingt, & en leur lieu on en renuoie de la ville autant de nouueaux affin quilz soient instruictz de ceulx qui ont este au villaige vn an, pour ce quilz ont occasion de scauoir plus du labouraige & affaire châpestre, que ceulx qui ny ont point encore vescu.

*Or les derniers ont tousiours le soing de monstrer à ceulx qui y doibuent venir lan ensuyuãt. Car silz estoiẽt tous nouueaux & ignoranz ent lart dagriculture, il sen pourroit aduenir accident pour lannée, qui seroit cherté de viures. Combien que tous les ans ilz ayent ceste coustume de renouueler & rafreschir leurs laboureux, si est ce que si aulcũ se treuue fasché du trauail, & aspre maniere de viure, il ny est continué plus longuement oultre son vueil: au cõtraire ceulx qui de leur naturel ayment la vie rusticque, & se plaisent aux châps ilz impetrent y estre long temps.

L office des labou reurs. Merueilleuses maniere de faire couuer les oeufz,

Les laboureurs cultiuent la terre, nourrissent des bestes, accoustrent du boys, & le portent par terre ou par mer à la ville, ou il est apte & cõmunemẽt. Ilz nourrissent vne infinité de poulletz par merueilleux artifice.

Les poulles ne couuent point les oeufz, mais ilz les mettent dens quelque fourneau, en grand nombre & dessoubz vn feu lent & doulx, puis les tournent souuent, & ainsi leurs donnent vie: Lors quand sont saillիz de lescal le, suiuent les hommes au lieu de leurs meres,

 & les

& les cognoissent, ilz nourrissent peu de cheuaulx, & nulz silz ne sont de cœur, & nõ point á aultre vsaige, si non à exerciter les ieunes gens à bien cheuaucher & picquer vn cheual les bœufz ont toute la charge de labourer & porter les faix : pource quilz ne sont pas si impetueux que les cheuaulx, & sont plus patientz au trauail, & ne sont si subiectz à maliadies, ne de si grande despence & coust, puis quand ilz ne peuuent plus rien faire, on les engresse, & seruent de viande, ilz font du pain des grains qui croissent en ce pays, ilz boiuent du vin, pommé, du peré & de plusieurs aultres breuages aulcunefois de leau toute pure, & souuent de leau cuicte auec du miel, ou auec vne herbe quon appelle Gliciríze, qui est moult doulce, & en ont grand aboudance, aussi ilz sont fort curieux de la cultiuer & garder.

Lusaige des beufz

La viande & breuaige des Vtopiens.

* Aussi sont ilz fort prouides, & prenent curieusement garde combien peult vne villes despendre de bien tout du long de lannée, & les congregations & assemblées, qui se font aulcunefois aux villes.

* Ce non obstant ilz font plus de grains, & nourrissent beaucoup plus de bestes, quilz ne scauroient consummer, mais le demeurant est distribué & departy aux voisins, de toutes choses quelcõques, de quoy ilz ont affaire & n'ont poĩt au villaige, ilz vont demãder

tout cela aux villes, & ne fault point traficquer ne marchander pour les auoir:les officiers de la ville leur deliurēt. Plusieurs le iour de la feste tous les mois viennent ausdictes villes. Quand laoust aproche,les Philarcques viennent denoncer aux gouuerneurs des villes,combien il fault enuoier de citoiens pour aider à faire ledict aoust,& quand tout le nombre d'aousterons est amassé ensemble,au iour qui est dict,ilz font tout laoust quasi en vn iour de beau temps.

Grand nōbre de gēs sert beaucoup à la besongne.

Des villes,& specialement de la ville d'Amaurot.

QVI A CONGNEV vne de leurs villes, il les, à toutes congneues: pour ce qu'elles ſont toutes ſemblables, ſi la nature du lieu n'y repugne & empeſche, i'en exprimeray doncques quelcunnes, & ne peut chaloir laquelle, mais ou pourroiſie mieulx me prendre, qu'a la ville d'Amaurot, qui eſt la plus digne dentre les aultres, & à laquelle toutes les aultres portent honneur, à raiſon du parlement qui y eſt: & auſſi pour ce que ie la cognois mieulx car i'ey ay demouré cinq ans entiers, doncques la ville d'Amaurot eſt aſſiſe en vne deſcente de montaigne, qui n'eſt roide ny aſpre, ains aiſée & doulce, & eſt de ſorte

La deſcription de la ville d'Amaurot capitale des Vtopiens.

de sorte presque carrée, la largeur de icelle cõmence vn peu plus bas que le sommet de la coste, & contient deux mille pas, qui est vne lieue, & tend à la riuiere d Anidrus elle à de longueur quelque espace d'auantaige iouxte la riue dudict fleuue.

La descri ption de la riuiere d'Anidrus

Anydrus prend sa source au dessus de la ville d'Amaurot quarante lieues, d'vne petite fontaine, mais son cours s'augmēte par la rencontre des autres fleuues qui viennent tũber dedens, & entre aultres de deux moyens, tant que deuant la ville il a d'estente vn quart de lieue, tost apres descendu plus bas de trente lieues, est encore plus enflé, & adonc entre dens l'Occean.

Le sembla ble ce faict en angleterre a la riuiere de Tamise qui passe par Londres.

Le floc entre la mer & la ville, & encore au dessus plus d'vne lieue, va & vient legierement six heures continues tous les iours quãd la mer se deborde, elle occupe le canal d'Anydrus, bien quinze lieues de lõg, en repoulsant en arriere l'eau de ladicte riuiere, plus oultre elle corrompt aulcunnemẽt de sa saline la liqueur d'icelle riuiere: puis apres petit a petit s'adoulcissant, pure & claire vient a couler par la susdicte ville ainsi purifiée suit quasi iusques a son destroict & huis, la mer qui s'en retourne, sus le fleuue d'Anydrus y a vn pont, non point de boys, ains de pierre, excellemment faict en arches, qui trauerse depuis le bord opposite a la ville, iusques a ladicte ville, du costé pui est fort esloigné de la mer, affin que les

En ceci conuiennent Londres & Amaurot.

nauires

nauires puissent passer cedit costé sans empeschement les Amaurotins ont vnt aultre riuiere, non pas grande mais coie & plaisante, icelle prent sa source de la mesme montaigne ou est assize Amaurot, & coulät par les balliez de la ville, passe par le millieu d'icelle, & chet dés Anydrus: & pource que ledict ruisseau, partoit vn peu de dehors la ville, par engins & subtilité les habitans l'ont ioincte à leur cité, affin que si de hazard il suruient quelq̃ impetuosité d'ennemis, leau ne peut estre occupée, destournée, ou corrompue, ainsi par cahotz & canalz faictz de bricque en diuers lieux par les basses parties de la ville leaue flue: & aux haultiers, ou l'eau ne peut mõter, ilz ont des cisternes, ou la pluye s'assemble, qui n'est pas moins vtile, que l'inuention des cahotz, la ville est ceincte de murs haultz & espes, ou il y a force tours & bastillons, aux fossez nya point deau, mais sont profundz & larges, & pleins de buissons & espines, ilz circuissent la ville dun costé & des deux boutz, de laultre costé la riuiere sert de fossez, le deuis des rues est faict proprement & cõmodemẽt, tant pour les voitures & charroy, que pour limpetuosité des ventz, les edifices ne sont laidz, & sont plätez par ordre & rengez tout le long des rues, qui ont de trauers vingt piedz, derriere les maisons, autant que les rues en emportent por iardins larges & plantureux, contiguz, qui sont de tous costez bien cloz des derrieres desdictes rues, il n'ya

L'usaige d'eau doulce bonne a boire.

La munition des murailles.

Comme sont les rues.

Les edifices.

Les iardís ioinctz aux maisons.

n'ya maison qui n'ayt huis en la rue, & vn guichet ou postes aux iardins, ou quelques portes qui se ferment a clenche, & s'ouurent facilemēt de la main, puis se refermēt tout par elles, & chascun entre par la qui veult, ainsi nya rien entre ce peuple, qui soit propre ou particulier, de dix ans en dix ans, ilz changent de maisons, par sort faict entre eulx, ilz tiennent grand compte de leurs iardins, dedens iceulx ont vignes, fruictz, porées, herbes, & violettes, si biē acoustrées & si belles, que ie ne veis oncques en lieu ou ie fusse chose plus honneste, ne plus fructueuse ilz ont si grande curiosité de bien acoustrer leurs iardins, que souuent font dispute, rue contre rue, a qui a mieulx labouré son iardin, en sorte que par toute la vile souuent on ne trouuera chose plus pertinentes, & vtiles a lusage, & plaisir des citoyens, que le reuenu desdictz iardins, parquoy il semble que celuy qui construisit ceste ville, mist plus son estudie à ordonner de beaux iardins, que nulle aultre chose.

Ceci sent sa communité platōnicque.

L'utilité des iardis fort louée par virgile

☙ Ilz disent que leur prince nommé Vtopus, des le commencemēt feist le deuis de ceste vile, mais quand a la bien agencer & aorner ainsi comme de present elle est, pource qu'il voioit que l'aage d'un hōme n'y eust peu suffire, il en laissa faire à ses posterieurs.

☙ Ilz ont en leurs annales (ou est cōprinse toute l'ystoire d'Vtopus) lesquelles ilz gardēt soigneusemēt cōme vne saincte relicq̄, & ont

gardé

gardé mil ſept centz ſoixante ans apres l'Iſle
prinſe par ledict Vtopus,comme les maiſons
au commencement eſtoient baſſes , ainſi que
loges & caſes paſtorales,aſſez lourdement ba
ſties de toutes ſortes de bois,les parois endui_
ctes de terre , le comble erigé en poincte, &
couuert de chaulme, mais maintenant , ſont
toutes a trois eſtages,les parois de caillou bri
ſé,pierre de taille,ou bricque, & le dedens rē
pli de ciment ou mortier.

Les edifices ſont haultz,faict a terrace,ilz
battent & briſent quelques matieres , qu'ilz
eſtendent & couchent deſſus,qui ne ſont de
grand couſt,tellement que ceſte mixtion ainſi
meſlée & incorporée,ne crainct ne le feu , ne
le vent,ne la tempeſte,ne la pluye, & eſt com
me vous direz ſablon de riuiere, & eſt beaucoup meilleure que le plomb.

Leurs feneſtres pour empeſcher le vent
munies de voirre, & en ont en ce pais en grā
de abondance.

* Ilz font pareillement leurs feneſtres de
toille fine deliée & menue, laquelle eſt huil-
lée de huile claire,ou d'ambre,dont il en ſort
double commodité,car elles ſont plus luiſan-
tes,& y entre moins de vent.

Voirrines
faictes de
voirre &
auſſi deſi
ne toille.

Des

Des officiers & Gouuerneurs des villes.

Tranibore en langue Vtopienne signifie preuost ou baillif en la nostre.

CHACVNNE TRENteine de familes, tous les ans eslisent vn maistre & gouuerneur pour soy, lequel en leur vieille langue est appellé Syphogrant, & en lãgaige moderne phylarcque, Vn tranibore anciẽnement ainsi nommé, maintenant prothophilarcque est chef & superieur de dix Syphograntz auec leurs familes; finalement tous les Syphograntz qui sont deux centz en nombre, iurent quilz esliront le plus idoyne & vtile à la republicque, & par secrete election ilz exprimẽt & publient publiét de quatre personnages que le peuple leur aura nommez vn pour estre leur roy, de chacunne quarte partie de ville, on eslit vn, qui est recõmandé au senat, l'office d'un prince dure toute sa vie, s'il n'est souspecõné de tyrannie, tous les ans ilz eslisent des Tranibores mais ne changent point sans cause, toutes les aultres offices sont annuelles, les Tranibores de troys iours en troys iours, si aulcũnesfoys le cas le requiett, viẽnẽt au cõseil auecq le prince le plus souuẽt, ilz cõsultent de la republicq̃ & mettẽt fin aux matieres & cõtrouerses d'ũ chascũ en particulier, (si aulcũnes soffrẽt) discretemẽt & meurement, toutosfoys il ne s'en treuue gueres, le senat retire à soy tousiours deux siphogrãtz, & to⁹ les iours de nouueaux, & ont par ordõnãce q̃ riẽ n'est ratifié, en tant qu'il touche la republicq̃, qu'il ne soit premierement disputé par trois iours a la court, aincois q̃ estre decerné, cest crime capital de cõsulter des affaires cõmũs hors du senat, & cõuẽtions publicq̃s, leurs statutz à ceste raison sont faictz, affin qu'õ ne s'encline à chãger l'estat de la republicq̃ par la cõiuratiõ du prince & des Tranibores, & q̃ le peuple ne soit opprimé par tyrãnie, pourtãt to⁹ iugemẽtz q sont de grãde importãce, sont differez à la cõgregatiõ des siphogrãtz, lesq̃lz aps auoir cõmunicqué la chose auec leurs familes, la consultent entre eulx, & publient leur opinions au Senat. La matiere aulcunnesfoys passe par le conseil

Tyrannie audieuse a vne republique biẽ ordonnee.

Soudain mettẽt fin aux proces & aux autres pais on les alonge tout a gre.

On ne doibt rien establir a la legiere.

Pleust a dieu que ainsi on fit pour le iourd'hui en noz courts.

conseil de toute l'Isle, le senat aussi a ceste coustume, que le iour qu'on aura proposé vn affaire, ce mesme iour on n'en dispute point, ains est reserué à la court prochainement en suiuant, affin qu'il n'aduienne que quelqu'un die follement tout du premier coup ce qui luy viendra à la bouche & puis considerant qu'il a mal parlé, pense par apres quelques raisons, pour plus tost soustenir son indiscret iugemēt que se desdire honteusement, pour l'utilité de la republicque, & aymēt mieulx la perte du salut publicque, que sa sotte opinion, de peur quon ne die qu'il auoit mal opiné au cōmencement, & qu'il debuoit prendre garde a parler plus sagement, que legierement.

Des mestiers.

HOMMES ET FEMMES infidellement se meslẽt du labourage & ne y a celuy ne celle qui nen sache, tous & toutes des leur enfance y sõt ĩstruictz, on leur en faict lecons es escolles, pareillement aux champs plus prochains de la ville, on les y maine non pas seulement par maniere de passetemps, & pour veoir mais pour exercer leurs corps a'ce dict mestier, & pour y besongner, oultre l'agriculture (qui est comme iay dit commune a tous) vn chascun aprend quelque aultre art comme son propre.

Chascun se mesle en Vtopie de agriculture & en noz regiõs y en a peu encore sõt ilz contẽnez & deprisez.

On doibt apprendre mestier pour la necessite de vie nō pour la superfluité.

Et les mestiers qui sont les plus cōmuns en ce pais,ce sont drappiers , teliers ou tixerrans,macons,charpētiers,mareschaulx & forgerons,il n'ya point d'aultres mestiers en ceste regiō,qui soient mis en compte, & dignes d'estre nōmez, les habitz par toute ceste isle, sont tous d'une mesme facon , fors les vestemētz de femmes qui differēt de ceulx des hōmes,& ceulx des gēs nō mariez , de ceulx des mariz ceste sorte d'habillementz dure toutiours aīsi,& n'est pas laide à veoir,elle est apte & aisee au mouuement du corps, conuenable & decente au froit & au chault sont ouuriers de faire leurs acoustremētz mesmes, mais de ces aultres mestiers icy q̃ iay nōmez,vn chascū en aprēd quelqu'vn,& nō pas les hommes seulemēt,ains aussi les femmes, & pour autāt qu'elles sont plus foibles, tendres & delicates que les hōmes,elles s'applicquēt a choses plus legieres,cōme a drapper , & faire les toilles, aux hommes est dōnée la charge des artifices plus penibles,vn chacun pour la plus grand part est entretins au mestier dequoy estoit son pere,car naturellemēt plusieurs si adōnēt , or si aulcun a sa fantasie ailleurs,il est trāsmis par adoptiō à la famille,au mestier de laq̃lle il s'applicq̃,& le pere ne prēt seulemēt le soig, mais aussi les officiers, que ledict ouurier soit māci pé &priué du droict de sondict pere de famile cōbiē qu'il soit graue & hōneste personne,pareillemēt si q̃lqu'un apres auoir aprins quelq̃ artifice

Les vtopiés se vestent presque tous d'une mesme guise.

Nul citoiē n'est desguarni daucun artifice.

Vn persōnaige se doit aplicquer ou sa nature l'attire.

artifice, a deſir d'en aprendre vn aultre, il luy eſt permis, lors quand il ſcait les deux il faict lequel qu'il veult, ſi la cité n'a affaire de l'un & de l'aultre, l'office principal & quaſi ſeul, des Syphogrātz eſt prēdre garde & eſtre ſoigneux que aulcū ne giſe en oiſiueté, mais qu'vn chaſcun face iſnellement & diligemment ſon meſtier, non pas qu'il trauaille depuis laube du iour, iuſques à la nuict bien tard, comme les cheuaulx, qui eſt vne calamité & miſere pluſque ſeruile, ce qu'ont acouſtumé les ouuriers quaſi en toutes regiōs, fors en Vtopie, ou les habitans nombrent vn iour naturel en vingt & quatre heures egales, a cōprēdre la nuict auec le iour, & en deputent ſix heures ſeulemēt a ouurer: trois deuāt midi, apres leſquelles ilz diſnent, puis apres diſner, ilz ſe repoſent deux heures, cela faict beſongnēt: trois aultres heures iuſqs à ſouper, & toſt apres huict ilz ſe vōt coucher, & repoſent huict heures ſ'ilz veulēt, ſi au lieu de dormir apres la refection & le trauail, ilz veulent faire quelque choſe, il leur eſt permis tout ainſi qu'ilz vouldront, moyennāt quilz n'abuſent du temps en prodigalitez, ſupetfluitez & choſes vaines, & quilz ſ'applicquent à quelque bonne oeuure, pluſieurs emploient ces interualles la aux letres, c'eſt vn ordinaire d'auoir quotidiennemēt lecōs publicques deuant le iour, & ſont contrainctz d'y aſſiſter ſeulement ceulx qui ſont eſleuz ſpecialement pour ceſt affaire.

On doibt deiecter d'une republicque les oyſifz.

On doibt moderer le trauail des ouuriers.

Le temps employe aux letres.

Quand au reste grand nombre de tous estatz tant femmes qu'hommes vont ouir les lecons, les vnz d'vne sciẽce, les aultres d'aultre, ainsi que leur naturel les incline, toutesfois si aulcun ayme mieulx cõsumer ce tẽps à leur mestier (ce qui aduient a plusieurs qui ne ont point leur fantasie a l'estude) on ne luy defend point, aincois il est loué, cõme vtile à la republicque, apres soupper il iouent vne heure, l'esté aux iardins, l'yuer en ces sales communes ou il boiuent & mengent, en ce lieu ilz chantent de musicque, ou ilz deuisent & se recréent de parolles, ilz n'on point la congnoissance des ieux hazardeux que nous auõs qui sont mal ppres & pernitieux, mais en lieu ilz ont en vsage deux sortes de ieux semblables aux eschecz l'vn ou on veoit vn cõflict de nombre cõtre nõbre, & ou vn nõbre pille l'autre, lautre ou on veoit vne similitude de gendarmerie, ou bẽdes sont mises sus champs, & ou les vices bataillent auec les vertuz, auquel ieu est demonstré ioliment & sagement le discord & different qui est entre les vices, & la concorde qui est entre les vertuz, consequemment quelz vices à quelles vertuz s'opposent & contrarient, de quelles forces les guerroiẽt apertement & de quelles inuentions & ruses ilz vsent en les assaillant par voies oblicques, par quel moyen & secours les vertuz aneãtissent la puissance des vices, par quelz artz elles se truffent & mocquent de leurs effortz & en prinses

Le ieu des Vtopiens apres soupper.

Ieux hazardeux sont maintenãt communz aux gros seigneurs.

Les ieux des Vtopiens recreatifz & vtiles ensemble.

prinses & par quelz moiens finalement l une ou l'autre partie obtiēt la victoire, mais en ce passaige affin que ne soyez deceuz, ilz nous fault contēpter vn poinct estroictement, pour ce que i'ay dit que les Vtopiens ne besongnēt seulemāt que six heures, il est possible q̄ vous pourrez estimer par cela que pour si peu de tēps, il aduiēdroit necessité & disete des choses necessaires à l'usaige humain, ce qu'il n'aduient, mais au cōtraire on veoit, par ceste petite espace d ouurer, les hommes n'auoir seulement suffisante de viures & vestemēt z & aultres choses cōmodes à la vie, ains abōdāce & grande planté, ce que vous entendrez facilement, si vous considerez, a par vous la grosse multitude de gens paresseux qui viuent chez les aultres nations, dont premieremēt les femmes en emportent biē la moitié du nōbre, & si lesdictes fēmes se meslēt en aulcūs endroictz de negotier, en ce pais au lieu d'elles les hommes dorment, il fault adiouster à ceste tourbe vn grād tas de prestres religieux, adioustōs y aussi plusieurs gētilzhōmes & leurs valetz, q font vn amas de gēs portāt espée, viuātz sans artz. finalement vne troupe de coquins & caimātz sains & robustes, qui soubz l ūbre de ne rien faire, faignent estre mallades de quelque maladie, ainsi vo⁹ trouuerez beaucoup moins d'o uuriers que vous ne pensiez, du labeur desquelz sont amassées toutes les choses, dequoy vsent les mortelz. Or pensez a par vous, que

Les sortes de gens oisifz chez les aultres nations.

Reprinse des gētilz hommes.

Dict de gráde prudence.

ouuriers il y en a peu qui s'applicquét aux negoces & besongnes necessaires, puis que nous mettons tous nostre felicité a la pecune, il est de necessité que maintz artz vains & totalement superfluz soient exercez, qui sont ministres & serfz tant seulement de prodigalité superfluité & luxure. Or si ceste multitude qui maintenant se demente d'ouurer estoit partie & distribuée en si peu douurages & mestiers, que lusaige commode de nature le requiert & ensuiuit abondance de choses comme il est de necessité, les ouurages seroient a si petit prix, que les ouuriers n'en seroient viure. Mais si tous ceulx qui besongnent en mestiers inutiles & non requis, & toute ceste trouppe que i'ay allegué qui vit sans rien faire, dont vn despése plus que deux qui negotiét, estoiét vniuersellement collocquez & mis à faire oeuures & exercices vtiles, vous pourrez veoir facilement, qu'un bien petit de temps de la besongne d'iceulx seroit suffisante & plus que superabondante a ministrer toutes choses necessaires & commodes à lusaige humain, & mesmes encor les plaisirs qui sont honnestes.

¶ Et cela peult on veoir clairement en l'isle d'Vtopie. Certes en ce pais, par toutes les villes, & lieux adiacentz & circonuoisins, de tout le nombre d'hommes & femmes qni sont en aage de trauailler & besongner, â grand peine trouuerez vous cinq cétz p sonnes exéptz d'ouurer, entre lesquelz sont les Syphográtz,

&

& iacoit ce que les loix du pais les exemptent & forclosent du labeur, ce neantmoins ne s'en sequestrēt affin que par leur exemple incitent les aultres à labourer de ceste mesme. immunite iouissent ceulx que les prestres recōmandent au peuple, qu'on eslit secretemēt au conseil estroict des Syphograntz, pour vacquer à l'estude, ausquelz ledict peuple dōne priuilege pour iamais de ne mechanicquer: & si aulcun ne profite aux letres cōme on espere, est rennuoie à la besongne cōme les aultres au cōtraire il aduiēt souuēt que quelque mechanicque au temps & espace qu'il sera deliure d'ouurer, il estudira si bien, & metra si grande diligence d'apprēdre, qu'il sera exempté de son mestier, & le metra l'on en la cōpaignie des estudiātz & personnes lectrées. Lors qu'on veult eslire ambassadeurs, prestres Tranibores, & mesmes vn roy, quilz appellent en leur vieil vulgaire Barzanes, & en la langue nouuelle Ademe, ilz les vont choisir en ceste multitude de gens scauātz. On peult estimer q̄ le demourant du peuple n'est ocieux, & ne s'occupe à ouurages infructueux & cōbien peu de temps produict de bien aux choses que iay narrées, ce que iay deuant allegué est facile à croire, pource que les Vtopiēs en plusieurs artz necessaires ont moins affaire a trauailler que les autres natiōs, qu'il soit ainsi regardons touchant les edifices, dont les bastimentz ou reparations, continuellement en tous lieux requierent

Les gouuerneurs & officiers mesmes en Vtopie besongnent.

Gēs letres seulement sont appellez aux offices.

Cōme on euite grās fraiz & coustz en edifice.

le mains & trauail de tant douuriers, que cest merueille,pource que quand vn pere aura cõstruict quelque logis,son heritier qui viendra apres,qui sera mauluais mesnager petit à petit laissera deschebiri ladicte structure, & ce qu'il pouoit sauluer pour peu de coust,il est cõtrainct de le refaire tout neuf, auec grands frais,on veoit aussi,que quand on a basti quelque maison qui luy a beaucoup cousté, laultre qui sera trop curieux & delicat coutẽnera le dict edifice,& le laissera en peu de tẽps ruiner puis en edifiera vn aultre ailleurs,qui ne coustera moinsque le premier,veritablemẽt chez les Vtopiens tout y est si biẽ ordonné,& la republicque en si bon nrroy, qu'il aduiẽt bien à tard,qu'on choisisse vne nouuelle place pour faire vn bastiment,& ne mettẽt seullemẽt remede prompt aux faultes presentes, mais preuiẽnent qu'il n'en viẽne accidẽt,ainsi ce faict que les edifices soiẽt perdurables auec petit labeur,si q̃ les ouuriers souuent, a grãd peine ont ilz de la besongne à s'employer, fors qu'ẽ leurs maisons ilz dolẽt du bois, acoustrẽt des matieres,& leur cõmãde lon quilz escarrissẽt & preparẽt de la pierre ce pendãt, affin que si d'aduẽture il aduenoit quelque accident, on y peult metre ordre en tẽps,or voiõs touchant leurs vestemẽtz,cõbiẽ ilz y trauaillẽt peu,premieremẽt quãd ilz sõt a la besõgne,ilz sõt nõchallãmẽt vestuz de cuir,ou de quelq̃s peaux, qui leur durent pour le moins sept ans, quand

Comme les vtopiés euitẽtgrád coust en habillemẽt

ilz

ilz vont parmy les rues en leurs affaires, ilz couurent leurs palletotz de manteaux de drap qui ſont par toute l'iſle tous d'vne couleur, qui eſt naifue, & ainſi qu'elle croiſt ſur la beſte. * De draps de laine ilz n'en n'ont pas moins à ſuffiſance, quen nul autre pais, & ſi eſt à meil leur narche. Il ya moins de trauail aux toiles, & pour tant en vſent plus ſouuent, ilz ont eſgard ſeulement à la blancheur de la toile, & a la netteté du drap. La fine toile & le fin drap n'eſt point plus cher que lautre. Doncques il ce faict qu'en Vtopie vn chacun ſouuent ſe contẽte d'vne robe pour deux ans, ou aux aul tres pays vn ſeul perſonnaige n'a pas aulcunefois ſuffiſance de quatre ou cinq habillementz de laine, de diuerſes couleurs, & autãt de ſoie, & ceulx qui ſe veulent tenir plus mignonnement n'en ont pas moins de dix.

* Certes ie ne veoy point de raiſon qu'vn hõme en doibue apeter pluſieurs, conſideré qu'il n'en eſt pas mieulx garny coutre le froit, & nẽ eſt plus braue ne plus honneſtement d'vn feſtu. Pour ceſté cauſe, veu que tous les Vtopiens ſ'exercitent à choſes vtiles, & que leurs beſongnes qui ne ſont de lon trauail ſuffiſent certes il aduient que tous biens y abondent, & quand il eſt queſtion de refaire les chemins publicques, ſi d'aulcunz ya qui ſoiẽt rompus, ilz leuent groſſe multitude de gẽs pour y beſongner: & quand il eſt beſoing d'y entendre, ou a ſemblables ouurages, ilz ſemonnent leſ-

dictz

dictz manouuriers a pener bien petit de tēps a quelques affaire communz.

19 Les gouuerneurs & magiſtratz ne fōt exer citer leurs ſubiectz oultre leur gré en labeurs ſuperfluz & vains, car l'inſtitution de leur republicque tend a ce poinct & a ce but, c'eſtaſcauoir entant qu'il eſt de neceſſité que les bourgeois & gens du pais trauaillent leurs corps, pour l'uſaige de la vie, au demeurant apres ce trauail, corporel qui eſt de peu de tēps Ilz ſ'eſtudient a plus vacquer, a embellir & or ner leur eſprit de ſciences & vertuz, pour le mectre en liberté & franchiſe. & croient que la felicite de vie humaine eſt ſituée & colloc quée en cela.

20 Des affaires, commerces, familiaritez, & traictez que les Vtopiens ont les vnz auec les aultres.

OR MAINTEnāt me fault explicquer q̄lle familiarité les citoiēs & habitātz d'Vtopie ont ensemble cō me ilz contractant, & quelle maniere ilz ont de distribuer & partir leurs choses.

Vne cité est faicte de plusieurs familes, les consanguinitez cōmunemēt font les familes.

Quand les filles sont mariales, on les allie auec les hommes, & se transportent en la maison de leurs maris.

Les enfantz masles, s'ilz ont des filz ilz demeurent tousiours en la pace dōt ilz sōt yssuz, & obeissent au pl⁹ anciē de leur parētaige, s'il ne pert ne pert le sens pour sa trop grande vieillesse: allors le plus anciē dapres est mis en son lieu. ✱ Et affin qu'vne cite ne soit depeuplée, ou plus peuplée qu'il n'est licite, on prend garde qu'vne famille (dont chacune ville en contient six mille, quant tout est assemblé) n'ayt moins de dix enfantz au dessus de quatorze ans, & plus de seize. Quandest des enfantz qui sont au dessoubz de cedict aage, on n'en limite point le nombre. Ceste mode de faire se peut facilement garder, quand on prend des enfantz des familles, qui sont trop fecondes, pour metre auec celles qui multiplient trop peu. Or sil y a en vne ville plus que le nombre prefix & acoustumé, ilz en peuplent leurs aultres villes qui en ont de faulte. Et si d'auēture toute lisle est chargées de trop de peuple, ilz en prenent en chacuneville, certain nō bre, & les translatent au pais circonuoisin & Limitrophe qui nest point isle, aux lieux ou il ya terres superflues, & plus quil nē fault a ceulx de ladicte region, & qui demeurent en Friche par faulte de labourer, allors de cesdictes terres ilz en font vne contrée de leur tenement & dependence, quon appelle Colonie. Laquelle labourerent, escroissent, angmentent, & instruisent de leurs loix & coustumes, & adioignēt auecques eulx ceulx du quartier, silz veulent viure ensemble. Quand ilz sont alliez & ioinctz en mesmes meurs & statutz, facilemēt croissent au profit & vtilité de lvn & lautre peuple.

Le nōbre des citoiēs d'Vtopie.

peuple. Ilz font par leurs entreprinſes que ceſte terre apporte abondance de bien aux vnz & aux aultres, qui ne ſeroit de rien ou peu, à ceulx du pais.

Si ceulx du pais ne veulent viure comme eulx, ilz les pouſſent loing hors des quartiers quilz limitent. & aſſignent eulx meſmes.

✱ Si on les veult garder d'habiter ces terre, ilz font la guerre, & diſent quilz ont iuſte cauſe de guerroier contre ceulx qui leur refuſent la poſſeſſion & vſaige de ceſte terre de quoy ilz nuſent, la tenant comme vaine & deſerte, dont les aultres par la loy de nature en doibuent eſtre nourrys.

✱Quand de hazard ou occident quelquvne de leurs villes a eſté depeuplée & diminuée, ſi quelle ne ſe peult refaire & remplir des aultres villes, pour ce quvne chacune na que ſon nombre (ce qui naduint iamais que deux foys de la memoire des hommes par vne peſte) ilz renuoient querir leurs citoiens qui habitent aux terres eſtranges comme iay dict, & en repeuplent leſdictes villes. Ilz ayment mieulx que tel tenement periſſe, & ſaneantiſſe, quvne ville de liſle ſoit en rien appetiſſée & deſcrue.

Ainſi peut on deiecter vne tourbe de valetz ocieux.

Mais reuenon à la conuerſation & maniere deviure des bourgeoys d Vtopie. Le pl⁹ ancië (comme iay dit) eſt maiſtre & ſuperieur dune famille. Les femmes ſeruent leurs maris, les enfantz leurs peres & meres, & les plus ieunes aux pl⁹ vieulx. Toutes les citez ſont parties & diuiſées diuerses en quatre parties egales. Au meillieu de chacune ptie, est estably le marché de toutes choses. en ce lieu, en certaines maisons sõt portez les ouurages de chacune famille, & toutes les especes desdictz ouurages sont separes l'vne de l autre, & mises en guerniers. Lors quand vn pere de famille à affaire luy ou les siens de telles besongnes, il les demande & les emporte sans argent ou gaige. Pourquoy refuseroit on quelque chose, veu que tout y abõde, & ne crainct on que quelqu'vn veiulle demander plus qu'il n'a de mestier.

* Penseroit on qu'vn homme demandast pl⁹ qu'il ne luy fauldroit, consider quil est certain & asseuré, quil naura iamais deffaulte de rien qui est ce qui est cause de rẽdre les bestes & les hommes adonnez à auarice & rapacité si non craincte dauoir defaulte. Orgueil aussy rend lhomme seul conuoiteux: pour ce quil se donne gloire, de surmonter les aultres, par vne ostentation & vanterie vaine & superflue de choses, lequel vice na point de lieu entre les Vtopiens.

Les ordures & infectiõs amasses en vne ville sont cause de peste.

¶ Au marche que iay predict, est annexé vn aultre marché de viures, auquel on ne porte seulement herbes, porées, fruictz darbres & pains, mais aussi poissons, oyseaulx & aultres bestes bonnes à menger. Il ya lieux apropriez hors la ville ou on nettoie & laue lon en vn ruisseau les chers, ou le sãg & ordures sen võt a vau leau. Lors quand les bestes sont occises

par

par ſeruiteurs,puis,lauées & acouſtrées, de la on les porte audict marché. Ilz ne ſouffrent jamais quvn citoen tue beſt,pour ce quil pẽſent par cela que petit a petit on pourroit perdre humanité & Clemence,qui eſt vne treſpitoiable paſſion de noſtre nature.

Par l'occaſion qu'on faict des beſts les hommes ſe penent adõner a occir & tuer lun lautre.

¶ Iamais auſſi ne permectent quon porte à la ville quelque puantiſe ou villenie,pour ce que par la putrefaction dicelle,ſe pourroit corrõpre lair & engendrer meladies.

En vne chacune rue ya des grandes ſales deuiſees & ſepares lvne de lautre egallemẽt p interualle,& chacune eſt congneue par ſonnõ. Les Syphogrants demeurent en icelles,& en vne chacune de ſes ſales trente familles y vont prendre leur refection,quinze dvn coſté & quinze de laultre.Les maiſtres dhoſtelz de chacune ſale võt à certaine heure au marché, puis apres auoir relate le nombre de leurs gẽs demandent de la viande.

Le ſoing quon a des mallades.

*Mais deuant tous on a eſgard aux mallades, qui ſont penſez a des hoſpitaulx publicques. *Au tour de la ville,vn peu hors des murs ilz ont quatre hoſtel dieu, ſi grand & plantureux quon les pourroit eſgallier & comparer a autant de bourgades, affin que les pauures mallades,ſi grand nombre qui peu eſtre, ne ſoient en ce lieu ſerrez & eſtrainctz, qui ne ſeroit commode : & auſſi affin que les mallades de peſte & infirmitez contagieuſes, puiſſent eſtre loing ſegregez de la compaignie des aultres. Lesdictz hoſpitaulx ſõt tãt

bien

bien arriuez. De toutes choſes vtiles à ſanté: puis on y eſt ſi doulcement & ſoigneuſement traicté, puis y a aſſiduellemẽt medecins treſexpertz touſiours pſentz, q̃ cõbien nul malade y ſoit enuoyé oultre ſon gré, toutefois nya patiẽt en toute la ville, qui naymaſt trop mieulx eſtre mis la dedans, quen ſa maiſon.

Les diſners & ſoupers ſe font en ſalles communes.

Quand le pouruoiencier des malades a eſté au marché, & par lordonnance des medecins a eu viandes conuenables, les meilleures viandes apres ſont diſtribuées par les ſales egalement, à chacun ſelon ſon nombre, ſi non quon a eſgard au prince, au grand prebſtres, & aux Tranibores, meſmes aux ambaſſadeurs & eſtrãgiers, ſil y en a, combien quil ny en ait gueres ſouuent.

Mais quand de hazard il en vient, il y a certains logis en la ville qui ſont acouſtrez pour eulx

Les vtopiens su[illegible] t[illegible]utes choſ[illegible] veulét [illegible] ſo[illegible] & pa[illegible]nſtraincte.

A ces ſales icy aux heures de diſner & ſouper tous ceulx qui ſont a lacharge des Siphogranſtz, aſſiſent au ſon la trompette, excepté ceulx qui ſont aux hoſpitaulx, ou en leurs maiſons.

Apres quon a eu des viandes pour les ſales on nempeſche point que quelquvn ſil veult pour ſon plaiſir naille diſner ou ſoupper à ſa maiſon, car ilz ſcauẽt que nul ne le vouldroit faire inconſultement ou par deſdaing.

Et combien quilz ne ſoit a nul defendu de boire & menger a la maiſon, ce neanmoins ny

prennent

pnẽt leur refectiõ cõmunemẽt ne voluntiers, pource qu'il n'eſt honneſte de ſ'abſenter de la compaignie, & auſſi ne ſemble eſtre gueres ſaigement faict de preparer vn diſner qui neſt de ſi bonne viandes ſans comparaiſon, comme celuy qu'on faict à la ſalle commune, & tout ioignant de leurs maiſons. Des ſeruices qui ſont de pl⁹ grãd labeur, & moins hõneſtes comme de torcher les potz, lauer la veſſelle, & autres choſes ſemblables, les ſeruiteurs en font l'office en ceſdictes, ſales.

Les femmes ſeruẽt de cuiſiniers a faire & ſeruir les viãdes.

*Les femmes ſeules ont la charge de faire cuire & preparer la viande, & finablement da couſtrer tout le diſner & ſoupper, & y ſont ſubiectes leſdictes femmes d'vne chacune fa mille, chacune a ſon tour. Il ya troys tables ou plus, ſelon le nombre des aſſiſtens. Les hommes ſ'aſſieſſent vers la paroy, les femmes de l'autre coſté, affin que ſi d'aduenture il leur ſuruenoit quelque maladie ſubite (ce qui ad-uient voluntiers á femmes groſſes) elles ſe lieuent ſans troubler l'ordre des ſeantz, & voiſent aux nourrices, leſquelles ſe ſceut a part en quelque refectouer auec leurs nourriſſons, leſquelles eſt eſtably à ceſt affaire, qui n'eſt iamais ſãs feu, & eau nette, & auſſi ſans berſeaux pour berſer & faire endormir les petitz enfantz, les remuer & deſbender pres du feu, & les coniouir. Chacune femme nourrit ſon enfant, ſi mort ou malladie n'empeſche. Quand la fortune aduiẽt. Les fẽmes des Syphogrãtz

Les citoiés sōt incitez abienfaire par louége

Commeilz nourrissēt. leurs enfantz.

cherent diligemmēt vne nourrice,& n'est difficile á trouuer,car celles qui le peuent faire, ne font chose plus haictement que cela:pour ce que to⁹ presēt beaucoup & loue c'est oeuure de pitie Lenfant qui est nourry recognoist pour mere sa nourrice. Tous les enfantz qui n'ont encor cinq ans ne bougent d'auec les nourrices,& se sceut ensemble,les aultres qui nnōt attainct l'aage de quator e ans, & aussi ceulx qui sont en aage de marier tant filles q̃ fil ,seruent sus table,ceulx qui ne sont encores assez fortz pour seruir,se tiennent de bout deuant les assistens,auec silence. Les vnz & les aultres ne mengent si non ce qu'il leur est dōné de ceulx qui sont siz,& n'ont point d aultre heure limitée pour disner & souper,au meilleu de la premiere table,qui est le siege plus honorable(orceste table est toute au pl⁹ hault lieu du refectoire& misede trauers,& veoiton de cest endroit aiseemēt toute la cōgregatiō) le Syphograne s'ey siet auec sa femme, & auec eulx deux des plus anciens.Par toutes les tables ilz sont quatre à quatre à chacun plat. Et si au quartier d vne syphograunce,c'est adire au lieu ou se tiennēt trentre familles,leur eglise est située,le cure auec sa femme, s'assiesent,& sōt du plat du Syphogrāt au dessus. Des deux costez des tables se sient les ieunes gēs, puis les anciens apres de rechief ainsi par toute ceste sale,les pareilz sont ioingtz ensemble, & toutefois sont meslez,auec ceulx qui ne sōt de leur sorte,si q̃ les vieulx sont vis à vis l vn

de

de lautre, les ieunes auſſi, & ainſi ſont entremeſlez. & ceſte ordõnãce fut faicte telle, affin q̃ la grauité & reuerẽce des anciens refrenaſt la licence que pourroient prendre les ieunes en geſtes & parolles, conſideré que par toutes les tables il ne ſe peult rien faire ne dire par leſdictz ieuues hommes, qui ne puiſſe eſtre veu & entendu par les anciens, qui ſont de tous coſtez voiſins & proches deſdictz ieunes hommes

Les ieunes ſont meſles en la table auec les plus anciens.

On ne ſert pas le hault bout premiermẽt, ains tous les plus anciens, qui ſont aux ſieges honorables, & leur baille lon les meilleurs meſt, puis on miniſtre aux aultres eſgallemẽt. *Les anciens diſtribuẽt de leurs viãdes exquiſes à qui ilz leur plaiſt, & nõ a tous, car elles ne ſe peuuẽt eſtẽdre par tout. ainſi eſt gardé l'hõneur au plus aagez, & nõ obſtãt les aultres nẽ ont mois de ꝑfit. Tout diſner & ſouper le cõmẽce d̃ q̃lq̃ lecture, q inſtruict à bõnes mœurs & eſt briefue, affin qu'elle n'enuye: & apres la dicte lecture les plus anciẽs deuiſent, & tiennent propos hõneſtes, nõ point triſtes ne melẽcolicq̃s, & nẽpeſchẽt tout le diſner & ſouper de lõgz cõptes, mais eſcoutẽt volũtiers alternatiuemẽt les ieunes gẽs, & les ꝓuocquẽt tout de gré a ꝑler, affin q̃ chacũ ayt liberté de dire & qu'õ ayt experiẽce des meilleurs eſperitz les diſners ſõt treſbriefz, les ſoupers pl⁹ lõgz, pour ce quil fault beſõgner apres diſner, & dormir apres ſoup, & diſent que le repos eſt biẽ plus

On a eſgard à faire honneur aux anciens.

A grand peine faict on cela maintenant en daulcũ monaſteres de ce pays.

salubre à faire la digestion,& que le trauail l'ẽ pesche nulle refection ne se passe sans music. que, ne sans dessert comme poires pomes & aultres fruictz,tartes,gallettes,& darioles ,ilz font feu de choses odorantes & aromaticques affin que la fumée se respande par les sales ,& iectent des eaus de senteur , ilz font tout ce quil est possible pour resiouir les assistent. ilz sont bien adonnez a telles recreations,& sont d'oppinion que nul plaisir qui n'apporte point d'incommodite,ne doibt estre defendu.

Chansons de musicq̃ à disner & soupper.

Voila comme ilz viuent aux villes. Ceulx des chãps,qui sont trop eslongnez les vnz des aultres, mengent en leurs maisons. nulle famile chãpestre n'a deffaulte deviures,veu les villes viuẽt d'aultre chose sinõ de ce ql leur est porté des villaiges.

Des

Des pelerinages des Vtopiens.

SI AVLCVNZ ONT desir daller veoir leurs amys demourantz en vne aultreville,ou de visiter les lieux,facilement ilz impetrent congé des Syphograntz,ou de leurs Tranibores,mais quil nen aduienne dommaige Doncques on enuoie quelque nombre dVtopiens ensemble,auec la lettre de leur prince,qui contient le congé quilz ont de faire leur voyage,& ou est limité le iour de leur retour.

On leur baille un chariot ou litiere, ensem ble vn serf publicque, pour mener & penser les boeufz:

Mais s'ilz n'ont des femmes en leur compaigne, ilz renuoyent ladicte litiere, comme si c'estoit charge & empeschement

*Sur tout le chemin ilz ne portent nulz viures, n'y aultre chose, car ilz n'ont defaulte de rien, ponr ce qu'il sont par tout comme silz estoient en leurs maisons. Silz demeurent plus d'vn iour en vn lieu, en c'est endroict chacun faict son mestier, & est traicté humainnement des ouuriers de son mesme artifice. Si quelcun de son authorité vague hors de ses limites, & s'il est prins sans la lettre de conge de son prince & superieur, on luy faict tout plein d'iniure & de deshonneur, puis est remené comme vn fuitif, & chastie bien aigremẽt, sil recidine, il est mis en seruitude. Sil prend vouloir à aulcun de se pourmener & vaguer par les champs du tenement de sa cité, on ne lempesche point, pour veu quil ayt congé & permission de son pere, ou de sa femme.

* Mais en quelque villaige quil se transporte on ne luy donne que boire, ne que menger, sil na faict autant de besongne deuant disner, ou deuant souper comme on a acoustumé de faire en ce lieu. Par ceste condition il est licite à vn chacun daller & voiage, seulement par le quartier & territoire de sa ville. Ainsi on nest pas moins vtile, a la ville, cõme son estoit

demeurant

demeurant a ladicte ville. Or vous voyez par ce poinct. quen nul lieu de ce pais, nya licence ne permiſſion deſtre ocieux, ny couleur deſtre pareiſſeux, il nya point de tauernes de vin, ne de ceruoiſe, ou biere, en nul lieu nya de bordeaux, nulle occaſion de ſe gaſter, nulz receleurs ne cabaretz, nulz monopoles ne conſpirations la veue & preſume de tous, cõſtraignẽt de faire le meſtier acouſtumé, & negotiation honneſte. Et par ceſte bonne mode il eſt de neceſſité quel ſen enſuiue abondance & planté de tous biens laquelle paruient eſgallement à tous. Parquoy certes il ne ſe peult faire quaulcun ſoit pauure ou mãdiã auſſi toſt q̃ le ſenat dAmaurot (auquel tous les ans trois citoiẽs de chacune ville ſont enuoiez cõme iay dict) a cõgnoiſſance de labũdãce de quelq̃ cõtrée, & de la ſterilité dvn aultre quartier. luberté & affluence dũ. ſupplie la diſette & neceſſité de laultre, & eſt faict cela gratis. on ne recõpẽſe poĩt ceulx q ont eſlargi de leurs biens aux aultres ceulx qui ont dõné de leurs ſubſtãce a quelq̃ ville, ilz ne les redemãdent point. ilz prenent. Les choſes de quoy ilz ont affaire dvne ville, à laquelle ilz nont rien dõné. Ainſi toute ceſte iſle eſt cõme vne famile. quãd ilz ont faict leur eſtoremẽt & pouruoiance ſuffiſammẽt (laquelle ilz fõt pour deux ans de craincte de laccidẽt qui pourroit aduenir lan enſuiuant, des choſes qui ſurabondent, cõme de grãd quãtité de Frument, Miel, Laines, Lains, boys, Graine pour tandre l'escarlette,perles,peaux,cire,suif cuir,& aussi de bestes,ilz les transport nt aux aultres regions,& en donnent la septieme par, tie anx pauures desdictes regions:le reste est vendu,& donne à bon marché.

⁎ Et de ce commerce& traficque,ilz rappor tent en leur pays non seulement les marchan dises de quoy ilz ont affaire)ilz nont quasi ne. cessité que de fer)mais aussi grande somme dor & dargent.Si ce que par longue contu. mation,ilz ont faict si grand amas par tout le pais desdictes choses,qua grand peine le croi. roit on.

En tous affaires les Vtopiens ontmemoi re de leur cómuni é

⁎ Pourtant maintenant ne leur chault pas be aucoup,silzvendent leurs marchandises argét comptant,ou silz les prestes, tellement que pour le present pour la plus grande partie ne sont paiez quen cedules & recognoissan. ces.

⁎ Toutefois ne prennent obligations desmar chantz en particulier,ains de quelques villes qni leur en donnent asseurance.

⁎ Or quand le terme du payemét est escheu, la ville qui a respondu de leurs marchandises, repete la debte des debteurs particulieremét, & meċt là somme au thresor publicque,& en faict son profist iusques a ce que les Vtopiens la demandent.Certes lesdictz Vtopiens en re laschét la pl⁹ gráde ꝑtie,pour ce quilz pését ql nest iuste doster vne chose de quoy ilz nusét,á ceulx qui en fót bié leur profist.Quád aurreste

fil

ſ'il aduient,& la choſe ainſi le requiere, quilz ayent preſté quelque portion de ceſt argent à qſuelque aultre peuple,ilz le demandent alors qu'ilz ont la guerre,ou affin qu'ilz ſ'en aydent en temps de dãger,ou de neceſſité, ou de quel cue hazard ſoudain,& gardent en leurs maiſons ladicte pecune,non point a aultres fins,& principalement pour ſouldoyer les genſdermes eſtrangiers, auquelz ilz ne donnent pas petitz gaiges,& leſquelz plus voluntiers mettẽt aux petilz & fortunes de guerre,que leurs citoyens,cognoiſſant aſſez que par multitude de pecune ſouuent les ennemis meſmes ſont achaptables,& q̃ par fineſſe on les faict guerroyer les vne contre les aultres, pour ceſte raiſon ilz gardent vn theſor ineſtimable,mais nõ pas qu'ilz y mettent leur coeur,honte me donne frayeur de faire recit de ces choſes, craignant qu'on n'adiouſte foy a mes propos, car certes ſi moymeſmes ne les auoys veues, ie ſcay de certain,qu'a grand peine croiroyſie vn aultre qui en feroit le compte, il eſt tout clair que tout recit qui n'eſt conforme aux meurs & maniere de viure des eſcoutans, n'a pas grand credit,& eſt auſsi eſlongné de leur credence comme de leur conuerſation.

Il eſt plus commode d'euiter la guerre par argent,& fineſse que la faire auec grãde effuſiõ de ſang humain.

O le grãd ouurier de bien dire.

Iacoit ce qu'un homme prudent & de bon iugement paruanture ne ſ'en eſmerueillera quand il conſiderera bien le differẽt qu'il y a entre noſtre inſtitutiõ de vie,& la leur, & il prend garde comment ilz vſent d'or& d'argent

gent,& nõ pas cõme nous aultres en vſons. Comme ainſi ſoit que leſdictz Vtopiens ne vſent aulcunnement de pecune, mais la gar-dẽt, à la fortune qui peut aduenir, laquelle poſ ſible aduiẽdra, auſsi il ſe peut faire que iamais n'aduiendra. Et ce pendant ilz tiẽnent autant de compte d'or & d'argent dequoy ſe faict la dicte pecune, que nul ne l'eſtime nõplus, que ſa nature le merite? Et q eſt celui qui ne penſe biẽ que l'or ne ſoit moins precieux que le fer, quand à leur vſaige: duquel les hommes ne ſe peuent paſſer, nomplus que de feu, & deau, nature n'a point donné d'vſage à l'or, de quoy nous ne nous paſſiſſions bien, ſi ce n'eſtoit la folie des hommes qui la mis en prix pour ſa rarité, & au contraire ladicte nature, comme pitoyable & doulce mere a mis à l'eſſor a la veue de tous les choſes qui nous eſtoient bon nes & propices, ainſi que l'air, l'eau, & la terre meſme, d'aultre part elle a ſeparé & mis loing de nous les choſes vaines, & qui ne ſeruent de rien comme l'or & l'argent, dont les mines en ſont aux creux de la terre.

L'õi eſti-me moins que le fer en Vtopie.

❧ Or ſi ces metaulx chez les Vtopiens e-ſtoient muſſez dens quelque tour, le prince & le ſenat pourroient eſtre ſouſpecennez du peu ple (qui de folie eſt aſſez inuentif) de vouloir abuſer par quelque tromperie dudict or & ar gẽt, & l'aplicquer a leur profit particulier, en decepuant ledict peuple. Si pareillemẽt de ceſ dictz metaulx on faiſoit en bel ouurſge d'orfa

uerie

uerie flaccõs & oultres vaisseaux semblables, puis se il aduenoit que ilz les faulsist retondre pour faire de la pecune à soudoyer leurs gẽsdarmes, lesdictz Vtopiẽs considerent q̃ si vne fois auoient prins leur plaisir en ceste dicte orfauerie, à grand peine souffriroient ilz que on leur osta l'usage, & affin qu'ilz obuient à ces choses, ilz ont trouué ceste maniere de faire q̃ iay deuant alleguée, touchãt leur or, & leur argẽt laquelle est conforme à leur aultres facõs & modes, & aux nostres grãdement repugnãte & difforme, qui prisons tãt lor, & le cachõs si songneusemẽt. Certes on ne scauroit croire cõme les Vtopiẽs ont lor & largẽt a petite reputation, si ce n'estoiẽt gens de scauoir, q congnoissent la matiere desdictz metaulx, il n'est riẽ plus certain q̃ ledict peuple boit & mẽge en vaisseau de terre & voirre, q sont tresbeaux & ne sont de grãd prix, & es sales cõmunes, & maisons priuées aussi leurs potz a vriner & aultres vesseaux qui seruẽt a choses immũdes sont dor & dargẽt, pareillemẽt les chaines, & gros fers, dequoy sont detenuz & liez leurs criminelz quilz appellẽt serfz, sont de ceste mesme matiere, finalement tous ceulx qui ont cõmis cas de crime & infamie, portẽt anneaux d'or en leurs oreilles, & en leurs doigtz, en leur coul carcquãs d'or, & couronnes autour de leurs testes, ainsi sont ilz sogneux sur toutes fins, que lor & largẽt entre eulx, soit en desprix & contẽnemẽt. Certes les aultres natiõs aymeroient

Magnifique mespris de lor.

Gens criminelz & ifames portent lor en vtopie en signe dinfamie.

Les perles seruent de passetéps aux petitz enfantz.

aymeroient quasi autant qu'on leur tirast les entrailles du corps, que de leur oster leur or & leur argent: mais si les Vtopiens auoient perdu tout ce quilz en ont, ilz n'en pẽseroiẽt pas estre plus pauure d'un double, ilz amassent & cueillent des perles au long des riuages de la mer, en aulcuns rochiers des diamantz & rubis, lesquelz ce neantmoins ne cherchent, mais quand ilz les trouuent d'aduenture, les polissent & acoustrent, & de cela en ornent leurs petitz enfantz, lesquelz s'esiouissent & glorifient de telles bagues en leurs premiers ans, mais quãd ilz sont vn peu grãds, & qu'ilz apercoiuent qu'il n'ya que les petitz enfantz qui vsent de telles folies, sans l'admonnestement de pere & de mere, mais de leur propre honte, les iectant au loing, ainsi que ceulx de nostre pais quand sont deuenuz en aage de cognoissance ne tiennent plus compte de noix, de petites bagues, & petitz images, qu'on apdelle poupées.

* Certes ie ne congneu iamais si clairemẽt, combien ceste maniere de viure qui est contraire à toutes les aultres nations, engendre au courages aussi diuerses affections, comme ie feit en l'ambassade des Anemoliens, ladicte ambassade arriua a la vile d'Amaurot lors que ie y estois, & pource que l'affaire qui les menoit ne estoit de petit poix, troys citoyens de chascune ville d'Vtopie y estoient venuz deuant.

*Or

Or les ambaſſades des regions veiſmes qui ſi eſtoient tranſportez au parauant que leſdictz Anemoliens y vinſſent, & qui auoiẽt aprins les meurs & couſtumes des Vtopiens, cognoiſſant aſſez que le peuple d'Vtopie ne failoit pas grãd compte d'habitz ſumptueux, que la ſoie leur eſtoit à contemnement, & l'or à meſpris & de vile reputation, quand faiſoiẽt leur legation à Amaurot, ilz auoyent de couſtume d'y venir en train le plus ſimple & modeſte qu'ilz pouuoient.

Mais les Anemoliens pour ce qu'ilz en eſtoient plus loing, & n'auoient pas frequenté ne conuerſe en Vtopie, quand ilz entendirent que tous les Vtopiens ſe veſtoient d'une meſme parure, de gros drap, penſantz puis qu'ilz n'eſtoient point aultrement acouſtrez, que le pais eſtoit pauure, deſnué de ſoyes & veloux, pourtant plus arrogamment que ſaigement delibererent par vn appareil pompeux & trop curieux faindre eſtre comme petitz dieux, & eſblouir les yeulx des pauures Vtopiens par la reluiſance de leurs beaux habitz.

Ainſi entrerent dens Amaurot troys ambaſſadeurs, auec cent aultres perſonnages, qui les accompaignoient, tous reueſtuz de veſtementz de pluſieurs couleurs, dont maint y en auoit en habitz de ſoye.

* Les ambaſſadeurs qui eſtoient gentilz hõmes tous troys veſtuz de drap d'or, ayantz de grands

grãds carcãs dor au col,groſſe bagues de meſme aux doigtz,& chaines pendantes en leurs chappeaux,auec perles & gẽmes, finalement n'auoient aultres acouſtremẽtz ſinõ ceulx de quoy vſoiẽt les eſclaues,criminel & infames & les petitz enfantz en Vtopie pourtãt faiſoit il bon veoir leſdict ambaſſadeurs dreſſer leurs creſtes quand ilz cõtemploient leurs triumphãtz veſtemẽtz entre ceulx des Vtopiẽs.(or ceſtoit tout le peuple reſpandu par les rues) d'autre part n'eſtoit moins plaiſant de cõſiderer comme ladicte ambaſſade eſtoit fruſtrée de ſon eſperance & entente,& de leſtimation qu'elle pretẽdoit qu'on feroit de leur gorgias equipage.Certes tous les Vtopiẽs(fors quelq̃ peu qui aultresfoys auoient pour affaires idoines viſite les aultres natiõs) eſtoient honteux de veoir telz bombans,& ſaluoient reueremment les plus petitz compaignons,au lieu des maiſtres & gros ſeigneurs & eſtimoient que ces troys ambaſſadeurs ſi biẽ en ordre,fuſſent valetz,ou quelq̃s criminelz, à raiſon de leurs cheines d'or,ainſi paſſoient par deuant le peuple ſans honneur aulcun,pareillement on euſt veu les petitz enfantz, qui auoient iecté leurs gemmes & perles,quand virẽt que les chappeaux deſdictz ambaſſadeurs en eſtoiẽt guarnis,puis tiroient leurs meres par le coſté, diſantz ma mere,mais voyes comme ce grand lourdault vſe de perles,ainſi que ſil eſtoit encor petit enfant,& les meres a bõ eſcient leur

reſpondoient,

respondoient, taisez vous, cest possible quelqun des folz des ambassadeurs. les aultres reprenoient ceulx qui auoient faict les cheines, pour ce qu'elles estoient trop tenues lasches, disantz qu'un criminel facilemēt les eust peu rōpre, & quād il y eust pleu s'en deffaire, & s'en fuir ou son intētion eut esté, Quād lesdictz ambassadeurs eurent esté vn iour ou deux en ce lieu, ilz veirēt si grād amas d or dequoy on ne tenoit cōpte, nō moins vilipēdé entre ce peuple qu'il estoit alloué entre eux, dauātage cōteploiēt quen vne chaine d'vn serf fuitif de ce pais y auoit plus pesant d'or & d'argēt q̄ tout leur appareil ne mōtoit, adōc leurs plumes se vōt abaisser, & se destituerent hōteusemēt de toute ceste gorgiaseté dequoy ilz sestoiēt si fieremēt esleuez & principalement quand ilz eurent deuisé plus familierement auec les vtopiēs, & aprins leurs meurs & fantasies, lesdictz Vtopiens sebahissent comme aulcun des mortelz peut tant prendre son plaisir à veoir & cōtempler la clarté d'une petite perle, ou pierre, qui nest possible vraye, au prix de la refulgēce & beaulté d'une estoille, ou du soleil mesme. Pareillement ilz sesmerueillent que vng homme est si fol de se penser estre plus nobles pour estre vestu d'vn drap de laine plus fin, & plus delié que vn aultre, veu que vne ouaille, tāt soit le fil menu & delié, si en a elle porté la leine, & ce pendant la beste ne a esté iamais aultre chose qu'vne brebis ou moutō.

¶ Ilz

¶ Ilz ſ'eſtonnent auſsi que maintenant par toutes nations on faict tant d'eſtime de l'or, qui de ſa nature eſt tant inutile, tellement que l'homme qui la mis ainſi en prix eſt beaucoup moins priſe & chery que l'or meſme en ſorte que quelque groſſe teſte peſãte & endormie, ou il n'y a nõ plus d'entendement qu'a vne buſche, & qui neſt non moins mauluais que fol, aura en ſon ſeruice piuſieurs perſonnages ſages & vertueux, & rien pour aultre choſe ſinõ quil luy eſt eſcheu force deſcutz.

¶ Or ſi par quelque fortune, ou accident de proces, qui faict auſsi bien tumber les haultz montez en bas eſtat comme fortune, lor & largent de ce milort eſtoit tranſlaté au moindre de ſeruiteur, comme à ſon ſouillard de cuiſine ne aduiendroit il pas toſt apres que ce ſeigneur ſe iecteroit au ſeruice de ſon ſeruiteur qui fut, ainſi quaſi que vn adioinct deſdictz eſcutz.

Voyes cõme les vtopiés ſe mõſtrẽt en ce cas icy plus ſages que les chreſtiens.

☞ Quand au reſte les Vtopiens ſe eſbahiſſent encor plus & deteſtent la ſottie de ceulx qui font ſi grand honneur & quaſi plus que a dieu, aux riches, auquelz ilz ne doibuent riẽ, & ne ſont en nulle ſorte obligez a eulx, & non pour aultre raiſon tors quilz ſont riches & opulentz, & dauantage ilz les cognoiſſent ſi riches & auaritieux, quilz ſont certains que de leur viuant de ſi grand monceau de pecune quilz poſſedent, il ne leur en reuiendra vn ſeul denier iamais.

☞ Leſdictz

☙ Lesdictz Vtopiens ont conceu telles opinions en partie de leur nutritiõ, pour ce qu'ilz sont esleuez & entretins en vne republicque de laquelle les bonnes entreprinses & vertueuses meurs sont bien eslongnées de ces especes de folies que ie ay allegué, pareillement telz propos leur viennens des bons liures ou ilz estudiẽt: Et combiẽ qu'ilz ne soyent pas beaucoup dune chascune vile, qui soyent exemptz & deschargez de trauailler & besongner comme les aultres euures mechanicques, pour estre deputez à estudier seulement, & ny eslit on, fors que ceulx qu'en a trouues en leur enfance auoir bonne nature, excellent entendement, & le coeur enclin aux bonnes letres, ce neãtmoins tous les petitz enfantz en Vtopie sont instruictz aux artz & disciplines, & messmes la plus grand part du peuple, tant hommes que femmes tout le loug de leur vie, aux heures qu'ilz ne font subiectz de besongner, ilz employent ledict temps à lestude, les sciẽces leur sont dõnées à entendre en leur vulgaire, & les aprement en leur dict langaige, leur langue n'est souffreteuse de termes, ains riche & doulce à ouyr, & n'ya lãgaige au mõde qui plus fidelement exprime ce que l'entendement aura conceu.

Lestude & doctrine des Vtopiens.

☙ Ilz ont vn mesme langaige quasi par tout le climat de la region, fors quen aulcuns lieux il est corrompu, aux aultres non. De tous ces philosophes qui sont en bruit chez nous, aincois que ie vinſſe en Vtopie, les Vtopiens n'en auoient ouy le vẽt de piece, & toutesfoys leur muſicque, logicque, & arithmeticque eſt quaſi ſemblable à celle que noſdictz aulcuns philoſophes trouuerent.

Quand au reſte ilz ſont preſques en toutes choſes eſgaulx aux ſuſdictz aulcuns, mais fort eſlongnez des inuentions des nouueaux dialecteurs, ilz n'ont trouué reigle aulcũne des reſtrictions, ne des ſuppoſitions ſubtillement inuentées aux petites logicques, que les enfantz aprennent ca & la en noſtre pais.

* Pareillement n'ont encore trouué les secõdes intentions, nul d'eulx n'a encore peu veoir l'homme en commun (ainſi que ceulx de par deca l'appellent) que nous auons demonſtré, comme vous ſcauez, il y a deſia long temps au doigt en effigie d'un coloſſe, & plus grand qu'vn geant, ilz ſont au cours des aſtres, & mouuemẽt des planettes treſdoctes, meſmes ont inuenté induſtrieuſement inſtrumentz de diuerſes figures, ou ilz ont treſdiligemment comprins les motions & ſituations du ſoleil & de la lune, & des aultres aſtres, qui ſõt veuz en leur horizon, mais quand à la concorde, ou different des eſtoilles erratiques, & a la tromperie de deuiner par ſcience ſideralle, ilz n'en ont ſeulement rien ſongé, ne s'en dementent aulcũnemẽt, ilz ſe cognoiſſent biẽ, & deuinẽt du tẽps de pluye, des vẽtz, & des aultres tẽpeſtes & tormẽtes, par quelq̃s ſignes dequoy ilz ont

Il reprend les deuins qui diſent la bõne & mauuaiſe fortune par la ſciẽce ſiderale

ont eu experiẽce par lõg vsaige, mais des causes de toutes ceschoses, du floc de la mer, & de sa saline, & sommairemẽt de l'origine & nature du ciel & du mõde, ilz en parlẽt ainsi q̃ noz anciẽs philosophes, & tout ainsi q̃ lesdictz philosophes sõt aulcũnefoys de cõtraires opiniõs aussi sont les Vtopiẽs, qui souuẽt alleguẽt nouuelles raisons, repugnãtes a toutes celle q̃ nos philosophes ont tenues, ce neantmoins entre eulx n'accordent en nul passage, touchant les morales sciẽces, ilz en disputẽt cõme nous, des biẽs de l'ame, & du corps, & des biẽs externes que nous appellõs de fortune ilz en font tout plein d'argumentz, a scauoir mõ si les biẽs corporelz ou de fortune doibuẽt propremẽt estre nõmez biẽs, ou si seulement apartiẽt aux biẽs de lame, ilz deuisent de vertu & volupté, mais leur principale dispute en q̃lle chose doit estre située la felicité de lhõme ilz sõt assez curieux & s'arrestẽt a beaucoup autheurs qui ꝓposent de volupté, en laq̃lle ilz diffinissent le tout, ou la meilleure partie de felicité humaine estre mise, mais ilz saillent dequoy on s'esmerueille de religiõ & cultiuemẽt de dieu, en ceste opiniõ delicieuse, q̃ est matiere graue, seuere, triste & estroicte, ilz ne desceptẽt iamais de felicité, q̃ ꝑmieremẽt ne metrẽt sus le bureau q̃lq̃s principes de religiõ, & qu'iz ne les ioignẽt auec philosophie, qui vse de raisõ, entre lesq̃lz ilz croient que raison de soy est trop foible & debile a la queste de vraye felicité.

phisicque incertaine. Les sciẽces morales.

Des biens de fortune & des biẽs de lame.

Les vtopiẽs mettẽt leur felicite en honneste volupte.

La theologie des Vtopiens.

Ilz croiét que lame est immortelle dequoy beaucoup de chrestiens pour le iourdhuy doubtent. Ainsi cōme il nest licite d'opperer toute volupté aussi n'est il cōuenable de desirer douleur si ce nest sa cause de vertu

☛ Lesdictz principes contiennent de l'immortalité de l'ame, & que ladicte ame est née a felicité par la liberalité de dieu, & qu'a noz bienfaictz a pres ceste vie est donnée premiation & loyer, & a noz delictz priué supplice. Combiē que cela sente sa religion, toutesfoys ilz sont d'oppinion qu'on doibt estre attiré a croire ces choses par raison, sans ces principes la, ilz disent que sans dilation il n'est hōme si beste qui ne fust d'oppinion de prendre ses plaisirs par voyes licites ou illicites, & se garderoit seulement que la moindre volupté n'empeschast la plus grande, & ne poursuiuroit celle qui le recompenseroit de doulceur ou malladie.

* Suiuit, & s'adonner à vertu, qui est estroicte & pleine de difficulté, & non seulement chasser & sequestrer de son plaisir & doulceur de vie, ains voluntairement souffrir affliction & douleur dequoy on n'espere point de fruict, ilz disent que c'est vne grande folie, si vn homme toute sa vie à vescu miserablement en melencolie & ennui, & si apres sa mort il n'en, est recompense, quel profit y aura il? Maintenant les Vtopiens ne pensent pas que la felicité soit en toute volupté, mais en volupté honneste, & disent que nostre nature est attirée a icelle volupté par vertu comme au souuerain bien, la ligne contraire à ceste opinion dit que felicité doibt estre donnée a vertu.

☛ Ilz

Ilz diffinissent & tiennent que vertu nest aultre chose sinon viure selon nature, & que nous auons este enseignez de dieu a cest affaire, & que quiconque obtempere a la raison en appetant ou fuiant vne chose, cestuy la ensuit nature comme sa guide, disant oultre, que raison deuant toutes choses enflamme les hommes en l'amour & veneration de la maiesté diuine, à laquelle nous sommes debteurs pour ce que nous sommes nez, & pour autant que nous pouons auoir felicité.

Secondement la raison nous admõneste & incite à mener vie la moins fascheuse & ennuieuse que nous pourrons, ains la plus ioyeuse & recreatifue qu'il est possible, & que nous aydons aux aultres noz semblables den obtenir autant, pour la conseruation de la compaignie & societé naturelle.

Certes iamais il ne fut homme, si seuere & estroict imitateur de vertu, & contenteur de volupté, qui t'anoncast a prendre si grand labeur & vigilance, & nonchalance de ton corps, qu'iceluy ne te commãdast aussi, de soulager de toute ta puissance la pauureté & incommodité des aultres, & qu'il ne soit doppinion que la chose est louable principalement en lhõneur d'humanité, que l'home console & secours l'aultre, si c'est chose humaine de mitiger & adoulcir l'angoisse & fascherie des aultres, leur oster tristesse, & les rendre à ioyeuseté de vie, c'est a dire â volupté hõneste, qui est

Aulcuns chrestiens se procurét maulx & douleurs ainsi comme si cela gisoit religion, mais ilz deburoiét plus tost les porter patiément si de hasard elles aduenoiét

vne vertu,qui mieulx faict & conuient à lhõme, entre toutes les aultres, puis qu'on faict cela à aultrui,pourquoy nature ne nous esmouera elle,a nous en faire autát? Si la vie ioyeuse,c'est a dire voluptueuse est mauuaise,tu ne doibs seulement ayder a ton prochain à y tendre,mais le destourner de tout son pouoir,cõme d'une chose nuisible & mortifere,Si la vie ioyeuse,c'est a dire volupté est bonne & honneste,tu la doibs procurer aux aultres,comme chose bonne & conuenable, pourquoy ne te pourchasseras tu ce bien premierement, veu que tu ne doibs estre moins fauorable enuers toy,qu'enuers aultruy? Puis que nature t'admõneste d'estre bon aux aultres, il fault bien dire quicelle te commande de n'estre cruel & immisericordieux à toy,nature dõcques nous ordõne la vie ioyeuse, c'est a dire hõneste volupte,ainsi que disent les Vtopiens, ainsi comme vne fin de toutes operations,& aussi tiennent que la diffinition de vertu, cest viure selon lordonnance de nature.

Comme ainsi soit que nature semonne les hommes a secours mutuel de vie ioyeuse, laquelle chose elle faict iustemẽt,& n'ya hõme si esleué,ne si grand prince, duquel seul nature ait le soing,consideré qu'elle entretiẽt & pense de tous vniuersellemẽt, lesquelz elle ioinct & assemble par communité de mesme semblance,icelle mesme certes te commande expressement de prendre garde que tu n'obtẽ

pere

pere tant à tez profitz, qu'il ſ'enſuiue le dommage& detriment daultrui doncques les Vtopiens ſont d'oppinion qu'on ne garde ſeulement les pactions particulieres & contractz quon a les vnz auec les aultres, ains auſſi les loix publicques, leſquelles vn bon prince a iuſtement promulgués, ou vng peuple non opprime de tyrannie,ne circonuenu de fraude par commun accord a ordonné que les cõmoditez de vie.

Pactiõs & loix.

☞ Ce ceſt a dire, la matiere de volupté & honneſte plaiſir ſoies eſgallement à tous en cõmũ. De prendre ſoing de ta commodité, moyennant que tu ne enfraignes leſdictes loix, ceſt prudence.

¶ Puis penſer de la commodité publicque, ce eſt faict ton debuoir enuers la republicque.

¶ Mais empeſcher le plaiſir d'aultruy pour auoir le tien, ceſt faire tort à aultruy, au cõtraire te reſcinder de ton plaiſir pour augmenter celui daultrui, ceſt loffice d'ũ hõme humain & benin, ce quil ne peult tant oſter de commodité comme il en rapporte, car quand on à faict plaiſir a quelque vn il recompenſe, puis la grande recongnoiſſance du bienfaict & la recordation de la charité & bienueillance de ceulx a qui tu as biẽfaict t'aporte plus de plaiſir, que la volupté q̃ tu euſſe prinſe en tõ corps de laquelle tu te es abſtins. Finalement noſtre ſeigneur Dieu ponr vng petit & brief

Les plaſirs qu'õ faict l'un a lautre.

plaiſir mondain dequoy nous nous ſommes eſlongnez, nous recompenſe d'une lieſſe grande, & qui iamais ne meurt, ce que facilement la religion perſuade a vn couraige qui voluntairement ſi conſent.

Cõme les vtopiẽs appellent vtopie.

Voyla comme les Vtopiens ſont doppinion que toutes noz operations, & meſmes les vertus ont eſgard & conſideration à honneſte volupté comme le grand bien des humains.

Ilz appellent volupté tout mouuement & du corps & de l'ame, ou on prend plaiſir par l'inſtinct de nature.

Ilz n'y adiouſtent pas indiſcretement le deſir de nature: car tout ainſi comme non ſeulement la ſenſualité, mais auſsi la droicte raiſon pourſuit toute choſe, qui eſt ioyeuſe & plaiſante de nature, ou l'on ne tend point par oultrage & iniure d'aultrui, & ou on ne perd vn biẽ plus plaiſant que celuy qu'on appete, & ou il ne ſ'en enſuit labeur, ainſi les choſes que les hommes faignant par vn conſentement treſfriuolle eſtre a eulx doulx & ioyeux ſans le gré de nature, les vtopiẽs diſent que on y treuue point de felicité, mais leſdictes choſes nuiſent beaucoup, & ceulx qui les receoipuent pour plaiſir & volupté honneſte, font tout ainſi comme celuy qui permute & change la choſe au mot ou vocable par lequel elle eſt ſignifiée.

Plaiſirs cõtrefaictz & faulx.

Et d'aduantage depuis que on eſt vne

foys

foys imbué de telles voluptez faulces,elles oc
cupent totalement l'entendement de l'om-
mie oppinion erronée,de craincte qu'il ne recoipue au lieu les naturelz & vraye plaiſir.

✶Certes il y a beaucoup de choſes qui de leur
nature n'ont aulcune ſouefuete ne doulceur,
ains la plus grand' partie d'icelles eſt pleine
d'amertume,& peruertie des blādices de mau
uaiſe concupiſcence,& toutefois ſont receues
non ſeulement pour les ſouueraines voluptez
mais ſont nombrées entre les principales cau
ſes de la vie humaie.

Errent de
ceulx qui
ſe glorifiēt
pour eſtre
bien acouſ-
trez

✸En ceſte eſpece de faulſe volupté les Vto
piēs comprennent & collocquent ceulx dont
i'ay faict mention au deuant,qui ſe penſent e-
ſtre plus gens de bien,d'autant qu'ilz ont meil
leure robe,mais ilz errent deux fois en vne
choſe,

✸Certes ilz ne ſont pas mains trompez de
penſer que leur acouſtrement ſoit meilleur,
pour eſtre de plus fin drap,qu'ilz ſont deceuz
d'aſtimer qu'ilz ſōt meilleurs pour eſtre mieulx
veſtuz.

✸Or ſi nous conſiderons l'uſaige d'vn habil
lement,qui n'eſt pour aultre cauſe faict,ſi non
pour couurir le corps,& le tenir en chaleur
& ſanté,dirons nous que le drap delié eſt plus
excellent que le gros,toutefois ceulx cy com
me ſilz eſtoient plus ſingulers de nature que
les aultres modeſtement acouſtrez,ne conſi-
derant point leur erreur,leurent leurs creſtes,

&

& penſent eſtre beaucoup mieulx priſez,pour leurs belles robes , & l'honneur quilz noſe- roient eſperer,ſilz eſtoient veſtuz plus ſimple ment,ilz le vont chercher aux beaux acouſtre mentz auxquelz ledict honneur demeure, & ſ'lz ſont contemnez par defaulte de ſ eſtre biẽ en parez,ilz en ſont fort marris.

Folz honneurs.

Neſt ce point ſemblable beſterie deſtre honoré de vaine & inutiles honneur: Combiẽ recois tu de plaiſir vray & naturel,ſi vn aultre eſt deuãt toy la teſte nue,& ſil plie les genoux pour te faire mille reuerences:ce a guarira il les tiens de la goutte: alegera il la phreneſie de ta teſte:En ceſte repreſentation de faincte volupte,ſ'abuſent & affolent ceulx qui ſe di- ſent gentilz hommes,pour ce quilz ſont ex- traictz de race ancienne qui a eſte riche & plã tureuſe en terres & poſſeſſions,& pour ce ſ'en glorifient & ſe plaiſant,& pour le temps qui court nobleſſe n'eſt aultre choſe. Et ſi leurs maieurs, & anceſtres ne leurs ont de toutes leſdictes richeſſes rien laiſſé,ou ſi eulx meſmes ont degaſté & conſumé,ilz ne ſen e- ſtiment moins nobles d vne freſe.

Vaine nobleſſe.

* Les Vtopiens comptent & odioignent auec ceulx cy,ceulx qui metent leur fantazie en perles & Pierres pretieuſes,& ſe penſent eſtre petitz dieux,ſ'ilz quelque fois peuent auoir quelque excellente pierre de la ſorte dequoy en leurs temps ceulx du pays faiſoient tant de feſte.

*Or

*Or est il des pierres de mesme espece, qui ne sont pas prisées par tout, ny en tout temps.

* Ilz n'en achaptent point qui soient enchassées en or, mais separée & nues & qui plus est il adiurent le marchant, & luy font bailler pleige, pour scauoir si la perle, ou pierre sont vrayes, tant sont soucieux & craintifz que leur œil ne soit deceu, & qu'on ne leur baille vne Pierre faulse au lieu d'vne vraye.

*Quand ilz viennent a comtempler ladicte pierre, & ne scauent discerner si elle est vraye ou faulse, pourquoy leur donne moins de plaisir.

*La faulse que la vraye: l'ime & l autre doibt estre d'egale valeur enuers toy, ainsi qu'enuers vn aueugle.

*Que diroient les V topiens de ceulx qui font thresor, non pas pour se seruir a leur vsaige du mouceau d or, mais pour prendre plaisir a le regarder seulemét, ont ilz vraye volupté: uenny certes mais sont deceuz de leur plaisir qui est faulx & frustratoire.

* Ceulx aussi qui au contraire cachent leur or, de quoy ilz nauront iamais lusaige, & qui voiront parauanture plus, & sont en crainte & soucy quilz ne le perdent, & le perdent iouissent ilz de vray plaisir: quelle differãce troué l'on entre le misser en terre, & le perdre, & oster de lusaige humain: & toutefois lauaritieux se resiouit, & le tient en ce lieu.

Si

Si quelque larron le desrobe, & le possesseur nen scait rië,& ledict possesseur meurt dix ans apres,que son thresor a esté pille ,combië a il eu dinterest sil a esté prins,non plus que sil fust demouré sauf,il en a eu autant de profist en vne sorte,quen lautre.

Jeuxhazar deux comme' cartes & dez.

A ces folz & irraisonnables passetemps ilz assemblent ioueurs de cartes,de dez, & aultres ieux de hazard,aussi chasseurs & voleurs desquelz ilz ont congneu la folie non par vsaige,mais par ouir dire.

Quel plaisir ya il,le disenn ilz,de iecter les dez dens vn tablier ,ce quon a faict tant de fois,tellement que ql y auoit quelque esbat, on en pourroit perdre lappetit par frequent vsaige quelle recreation,ou non meileure fascherie pour en auoir,quouyr les abboye & vrlement des chiens.

le plaisirde la chasse.

Quel esbat plus grand ya il de veoir courir vn lepurier apres vn liepure,que de veoir courir vn chien:le semblable ce faict tant dũ coste que daultre,ilz courent & racourent, si la course te plaist.

Mais si tu as espoir à la mort du liepure,& si tu prens plaisir de veoir metre en pieces deuant tes yeulx,tu debuerois plus tost estre esmeu à misericosde de contempler vn pauure lepuraut estre dessire dvn chien,vne foible & debile beste,estre saragée dvne plus forte, vn craintif & fuitif bestail estre deuore dvn dhumain,& vn animant palsible & inuocent estre menge

menge dvn cruel. Doncques les Vtopiēs ont reiecte tout ceſt exercice de chaſſe aux bouchiers, comme ce ceſtoit choſe deſhonneſte a gens libres, lequel meſtier de boucherie comme iay dict au parauant, font faire par feruiteurs, & diſent que la chaſſe, eſt la plus petite partie de boucherie, les aultres parties ſont plus vtiles & honneſtes, pour ce quelles ſont neceſſaires a la vie humaine, car vn boucher cuiſinier, rotiſſeur, ou paticier, tue les beſtes ſeulement par neceſſite, mais vn chaſſeur, ou voleur, ne faict mourir & diſſiper vn miſerable liepure, ou quelque oyſeau, ſi non pour ſon deduict ilz ſont doppinion que ce deſir de veoir ainſi bourreler & meurtrir les pauures beſtes, ne procede que dvn coeur & affection cruelle, ou que lhomme par couſtume exercice de ceſte tant inhumaine volupte ſe peut adonner finablement a cruaulté.

Ces affaires la, & toutes choſes de ceſte ſorte (qui ſont innombrables) iacoit ce que le cōmun populaire, les recoipue & preigne pour volupte, nonobſtant les Vtopiens tiennent quilz nont point de conformite & commerce auec vraie volupte, pour ce quon ny treuue rien qui ſoit doulx & ſouef de nature.

De ce que ledict vulgaire prend ſon plaiſir ca & la, aux choſes que iay deuant alleguées, qui luy ſemble vn acte de volupté, cela neſt ſemble vn acte de volupte, cela neſt point eſtrange a ſon iugement erronée & faulx. la na-

ture

Femmes grosses desgoutees.

tute de la chose nempesche point, mais leur mauuaise coustume, par laquelle ilz prennent les choses ameres pour les doulces. Ainsi cõme font femmes enceinctes qui mengent de la poix & du suif, qui leur semblent plus doulx que miel, pour ce quelles sont desgoustées.

L'espece des vrayz plaisirs.

✱ Le iugement de quelquvn, depraue par maladie ou coustume, ainsi quil ne peult muer la nature de nulle chose, aussi ne peult il changer le naturel de volupté. Des voluptez que les Vtopiens disent estre vrayes, ilz en mettent diuerses sortes. Ilz atribuent les vnes a lame les aultres au corps. à lame ilz donnent entendement & ceste doulceur & fruition de contempler le vray. Puis ilz y adioustent la delectable recordation dauoir bien vescu, & lesperance indubitable du biẽ futur, & loyer qui en doibt aduenir. ilz parlẽt la volupté du corps en deux manieres. La premiere est, quand le sentiment recoit quelque plaisir manifeste, qui ce faict quand on restaure les parties du corps, apres que la chaleur naturelle qui est en nous, a faict sa digestion, & est question de rechief de prendre a boire & a menger. Aussi quand on expulse les choses, desquelles le corps abonde, on y prend plaisir, comme en vrinant, iectant la matiere fecale en congnoissant charnellemẽt nostre femme, en nous frotant ou gratant.

✱ Aucunefois il vient vn plaisir, qui toutesfoys ne restitue aux membres quelque chose quilz desirẽt, & si nostre bien de quoy le corps

sen

ſ'en treuue mal,mais eſment & incite par vne
puiſſance occulte,& emotion manifeſte noz
ſens,& les conuertit à ſoy,comme la volupté
que nous prenons a ouyr les châtz & accordz
de muſicque.

꜀ L'autre maniere de volupté corporeille,eſt
ainſi quilz diſent,ſituée en paiſible & tranquil
le eſtat du corps,c eſtaſcauoir en la ſanté dvn
chacun, qui neſt troublée ou empeſchée de
malladie aulcune.

Ceſte ſanté,ſi elle n'eſt opprimée de quelque
douleur,elle delecte & reſiouit l'hôme de ſoy,
poſé ores qu elle ne ſoyt eſmeue,pour aulcu‗
ne volupte adionſtée exterierement·Iacoit ce
quelle ſ'eſleue & ſoffre moins à noſtre ſés,que
ceſt en fl é apperit de boire & de menger,ce ne
antmoins pluſieurs l'ordonnent eſtre le plus
grand plaiſir de tous les plaiſirs,brief tous
les Vtopiens quaſi diſent & confeſſent que
c'eſt le fondement & ſuſtentacle de toutes vo
luptez:pour ce que ſeule elle rend l'eſtat& cô
dition de vie humaine coye & deſirable. Tel‑
lement que quaud elle eſt abſente,nul plaiſir
ne ſeroit auoir lieu.

٭Eſtre exempt de douleur ſi ſanté n'eſt pre‑
ſente,ilz appellent cela alienation de ſens,&
non pas volupté.Ia long temps ya qu'ilz ont
reiecte l'oppinion de ceulx qui ſouſtenoient
que ſanté ne deuoit eſtre receue pour volupté
pource qnon nen auoit l'aperceuance par aul‑
cun mouuement exterieur.

ꝫ◗.Chez

✱ Chez eulx ceste question á esté debattue vertueusement, mais maintenant tous saccordent au contraire presque, & disent que santé ne seroit estre sans volupté.

¶ Comme ainsi soit qu'en maladie y ait douleur, si disent ilz, q̃lle est lennemye mortelle de volupté, ne plus ne moins que malladie est ennemye de santé, pour quoy au contraire ny aura il volupté en santé: il nya point dinterest son dict malladie estre douleur, ou si on dict en malladie estre douleur, autant emporte lvn que lautre.

✱ Aussi si santé est volupté mesme, ou si necessairement elle engendre volupté comme le feu engendre chaleur, certes il se faict dvn costé & daultre, que ceulx qui ont santé constante & entiere, ayent ne plus ne moins volupté & plaisir. Quand nous beuons & mengeons disent ilz, quest ce aultre chose si non santé laquelle se commencoit a empirer qui bataille contre la fain, auec secours des viandes: puis quand en ceste fain santé est, petit à petit reualidée iusques à la vigueur acoustumée, elle nous suggere & induict ce plaisir & volupté parquoy nous sommes refectionnez.

✱ Santé doncques qui se resiouit en ce cõflict ne prẽdra elle point plaisir, apres auoir gaigné la victoire cõtre fain: puis quãd elle aura a lapfin acquis sa force premiere, q̃lle q̃relloit & demãdoit seulemẽt p̃ ce debat sudit, sestonera elle, ne prẽdra elle poĩt recreatiõ: ne cognoistra

elle

elle point le bien qui luy eſt aduenu: Vtopſens diſent que ce neſt pas veritablement parle de dire quon ne ſent ſa ſanté.

❧ Qui eſt ceſtuy qui en veillent ne ſe ſent ſain ſi non celuy qui ne l'eſt point: Certes il neſt ia mais ſi aliené de ſens, ou aſtrainct de lethar- gie. quon appelle oubliance de ſoy, quil ne cõ feſſe que ſanté luy eſt recreatifue & ioyeuſe. comme nommez vous delectation, ſi ce neſt volupté en aultres termes: leſdict Vtopiens ſingulierement ſadonnent aux voluptez de la me, eſtant d'opinion que ce ſont les principa- les dentre toutes les aultres, & diſent que la meilleure dicelles vient de l'xercice des ver- tuz, de bonne vie, & bonne conſcience.

¶ Touchant les voluptez du corps, ilz donnẽt la palme à ſante, comme la plus exquiſe & ex- cellente.

✱ Le plaiſir quon prend à boire & à menger, & toute choſe qui contient telle ſorte de vo- lupte, ſont a appeter, mais ceſt comme ilz di- ſent, non point aultre cas ſi non pour garder la ſanté,

veritablement telles choſes ne ſont plaiſantes de ſoy, mais ſont neceſſaires, vn tant quelles reſiſtent à maladie, qui pourroit ſuruenir ſe- cretement. Ainſi quil eſt plus decent à vn hõ me ſaige de ne vouloir tumber aulx infirmi- tez & malladies, que de deſirer a prendre me- decine, & pareillement dopprimer les dou- leurs, plus toſt querre & chercher remedes &

secours aussi vault il mieux n'estre soufreteux de ceste espece de volupté deuant dicte, que destre restauré par deffaulte d'en auoir vsé.

❧ Or si aulcun se pense bien eureux pour auoir la fruition des voluptez corporelles deuant alleguées il fault finalement qu'il confesse qu'il sera pour laduenir en grande felicité, si la vie luy eschiet qui consiste en fain continue. soif, esmouuement de la chair, menger, boire, grater, & frotter.

❧ Et qui est celtuy la qui ne pense bien que telle maniere de viure ne soit seulement sale & orde, ains auecques ce miserable: Ces plaisirs la sont les moindres ce tous, pour ce quilz ne sont entiers & parfaictz, & iamais n'aduiēnent quilz ne soient ioinctz & meslez auec douleurs & tormentz contraires: Auec le plaisir qu'on prend à menger, fain y est mixtionnée & complée, & non pas esgallement. Car tant plus est la fain vehemente, tant plus en est longue la douleur.

❧ La fain suruient deuaut le plaisir qu'on prent a boire & menger, & iamais n'est extaincte que le plaisir ne meure quand a elle.

❧ Doncques les Vtopiens pensent bien qu'il ne fault pas faire grande estime de telz plaisirs, si non en tant que la necessité le requiert, toutefois sen resiouissent, & recognoissent le bandon & permission de nostre mere nature, qui donne esiouissance & recreation ā ses creatures, mesmes aux choses qu'il fault faire tant

souuent

ſouuent par neceſſité ſil failloit expulſer les malladies quotidianes qui viennent de fain & ſoif par remedes,dozes,potions & ordonnances comme les aultres infirmitez qui nous viẽnent plus à tard quel, plaiſir aurious nous de viure: ilz entretiennent & confortent leur beaulté,force,& agilité, comme les dons de nature voluptueux & propres. Auſſi font ilz les plaiſirs qui ſont introduictz par Louys, les yeulx & les narines , leſquelz nature à voulu eſtre propres & peculiers à lhomme.

☞ Certes il n'ya point d'aultre eſpece d'animaulx qui contemple la beaulté & forme du monde,& qui ſoit incitée de la grace & honneſteté des oudeurs,ſi ce n'eſt à la difference du menger, que lhomme, & auſſi qui entende laccord,ou diſcord des ſons muſicaulx.

* Brief les Vtopiens pourſuyuent telles ſortes de menuz plaiſirs ,comme ſi ce fuſſent les ſaulces donuantz ſaueur a vie humaine& ont ceſte mode en toutes choſes que le moindre plaiſir nemyeſche le plus grand, & que volupté quelquefois ,nengendre douleur , ce qui aduient neceſſairement, quand ladicte volupté eſt ſale & deſhonneſte ilz penſes eſtre vne treſgrande folie deſtre nonchalant de lhonneur de ſa beaulté , empirer & deteriorer ſa force , tourner en pareſſe ſon alegrete & prōptitude ,attenner ſon corps de ieunes,faire tort à ſa ſanté,& meſpriſer les aultres doulceurs &blãdices de nature

si quelqu'vn ne contemnoit son profist, pour plus ardammẽt procurer le biẽ publicque, de quoy il espereroit pour sa desserte estre recõpensé de dieu de plus grand plaisir, aultremẽt pour vne vaine vmbre de vertu, saffliger sans quil en reuienne bien & vtilité aulcune à son prochain, & pour porter les aduersitez, qui possible n'admendront iamais, moins fascheusemẽt, ce leur semble chose friuole & de neãt, & mesme le tour dvn courage enuers soy cruel, & a lencontre de nature ingratissime, qui renonce à tous ses bienfaictz, comme sil ne daignoit estre tenu à elle daulcune chose.

Notez cecy diligemment.

¶ Voila lopinion des vtopiens touchant vertu & volupté, & ne pensent point quon en peust trouuer de plus veritable selon humaine raison, si religion intromise du ciel ninspiroit à lhomme chose plus saincte. En quoy si leur iugement est bon ou mauuais, le temps ne souffre que nous en explicquons rien, & nest de necessité: pour ce que nous auons entreprins de faire narré de leur maniere de faire & de viure, & non pas de defendre & aprouuer icelle.

La felicité des Vtopiens & descriptiõ diceulx.

* Quand au reste, tellement quellement que leurs constitutions voisent, iay ceste credence quen nul endroict de la terre il nya peuple pl⁹ excellent, ne republicque mieulx fortunée.

* Ilz sont agiles de corps & fermes, & plus puissantz qui leur stature ne monstre, qui nest non obstant basse ne petite.

Comme

Comme ainsi soit que leur terroier ne soit des plus fertiles du mõde, ne leur air pas beau coup sain, ce neanmoins par temperance & sobrieté de viure conseruent leur sante, se fortifient contre les corruptions qui peuent aduenir, & par leur industrie remedient si bien à la terre, quen nulle region du monde nya pl⁹ grande abondance de fruict ne de bestiaulx, ne mesmes de gens qui viuent plus longuement, ne qui soient moins subiectz a maladie. On ne voirra point seulement en ce lieu les choses bien arrunées & auec bonne diligence comme font communement laboureurs, qui par art & trauail ameliorissent les terres qui de leur nature sont mauuaises, mais on voirra dauantaige par les mains dvn populaire en vn endroict bois & forestz totalement arrachées, & en lautre plantées: & en ceste besongne ilz nont esgard à luberté & affluence, mais au charroy & vecture, affin que les bois soient plus pres de lamer, ou des riuieres, ou des villes mesmes.

* Les fruictz & grains samenẽt de plus loing & sachirent par terre plus aiséement, que ne font les bois. La gẽt d'Vtopie est facile, recreatiue, industrieuse & aymant requoy, toutefois assez trauaillante corporellement, quand il en est mestier, aultrement non.

Quand a lexercice de lesperit iamais ne se laisse or apres auoir ouy de nous & entendu quelques propos que nous leur tinsmes touchant les lettres & science des grecq,(quand aux latines ilz nen faisoient pas grand compte, fors de ce qui estoit comprins es histoires & pœsies) vous seriez esmerueillez comme ilz nous presserent de leur monstrer & lire: par quoy nous commencames leur faire lecons de grecq, affin que ne fussiõs veuz leur refuser plus tost nostre premier labeur, que desperer fruict aulcun diceluy. Et quand nous eusmes vn petit procedé, ilz feirent tant par leur diligence, quil nous semble à nostre esprit nestre vain & friuole leur impartir la nostre, & leur eslargir & communicquer si peu de scauoir que nous auons acquis en ceste dicte langue.

Merueilleuse docilite des Vtopiens.

Brief lesdictz Vtopiens apres les auoir introduictz vindrent a imiter & contrefaire si aiseement les caratheres des lettres grecques prononcer tant bien & clairement les motz, les aprendre & retenir si legierement, & les rendre tant fidelemẽt, que ce me semble chose miraculeuse. Vne partie diceulx Vtopiens, non seulement enflammes de leur propre vouloir, ains aussi par lordonnance de leur senat entreprindrent à scauoir ladicte science grecque, & ny furent, esleuz si non les plus beaux espritz & meurs daage dentre leurs estudiant: par quoy ny eut rien en ladicte langue, touchant ce quilz desiroient scauoir des bons autheurs, quilz ne parlent sans faillir, si daduẽture ny auoit faulte aux liures, en moins de troys ans. Et ce qui leur feist aprendre plus facilement

Maintenãt les grosses bestes sont destinez & les beaux aux letres esperizt corrompuz par voluptez & aux plaisirs mondains.

facilement comme ie croy cesdictes lettres, cest quaulcunnement elle aprochent de leur langaige, Iestime que ceste gent a prins son origine des grecqs, pour ce quen leur langue ilz vsent daulcunz termes grecqs, comme au noms de leurs villes & offices, Quand au residu leur langaige est presque tout persicque.

Ilz ont de moy quelques oeuures de platõ plusieurs daristote, aussi Theophraste des plãtes. Quand ie feis mon quatrieme nauigaige ie mis en la maniere vn petit pacquet de liures au lieu de marchandise, pour ce que iamais determine de faire biẽ tost retour de ladicte isle.

Or ledict Theophrase en plusieurs passaiges estoit gasté, dont ie fus bien marry, comme nous estions sus mer, iauois este negligent de la serrer, par quoy sey vint adresser vne guenon, laquelle se iouant & folastrãt en tour en dessira ca & la quelques fueilletz. Dentre les grammariens ilz ont seulement lascare, ie ny porté point quand & moy Theodoric, ne dictionaire anlcun fors hesichines & dios ode.

* Ilz ont les liures de plutarcque tres agreablés, & se delectent a lelegance & feceties de lucian.

* Entre les pœtes ilz ont aristophane, Homere. Euripide & Sophocles de la petite impression dalde.

* Des hystoriens ilz ont Thucidide, herodote & herodiã. En medecine, vn de mescõpaignõs nõmé tricius apinatus yauoit apporté auecqs luy

quelques petitz oeuures d'Hippocras,& le mi crotechne de Galien,qui eſt a dire le petit ou- uraige,deſquelz liures ilz font grand feſte: Et combien quilz ayent moins affaire que gens du mõde de l art de medecine,ce neantmoins en nul endroit de la terre n'eſt plus en hõneur & prix,qu'en Vtopie,pour ce qu'ilz comptẽt ceſte ſcience entre les tresbelles & vtiles par- ties de philoſophie,par l'aide de laquelle phi- loſophie quand ilz cherchent les ſecretz de nature,ilz ne pẽſent ſeulement de cela recep uoir vn plaiſir admirable, mais auoir acces grand d'entrer à la grace de l'autheur & ou- urier d'icelle nature naturée.

Et ſont d'oppinion que dieu a la maniere des aultres ouuriers ait expoſé & mis en pa- tent la machine du monde,pour eſtre contem plée & regardée de l homme, lequel il a faict ſeul capable,de ceſte tant excellente choſe,& que tant plus la creature humaine ſera curieu ſe & ſongneuſe de veoir & remirer ledict oeu ure diuin,tant plus le ouurier aymera ladicte creature: trop plus beaucoup que celle, qui comme vne beſte, ou nya point de entende- ment ſans eſtre eſmeue & incitée mettra à deſprix ce regard ſpectacle & tant merueil- leux.

Les eſpritz des Vtopiens, quand ilz ſont exercitez aux letres,ilz ont admirable valeur aux inuentions des artz qui ſont commodes à la vie humaine, mais ilz ſont tenuz à nous

de deux

de deux choſes, c'eſt de l'art l'imprimerie, &
de faire le papier, & non ſeulement à nous.
mais auſſi a eulx meſmes pour la grand' part.
꜡ Or comme nous leur monſtriós quelques
lettres imprimée en papier de la facon dalde,
& leur parlions de la matiere de faire ledict
papier, & delinduſtrie d'imprimer ſeulement,
ſans leur explicquer & declarer plus oultre,
pour ce que nul d'entre nous ne ſcauoit ne lû
ne l'autre meſtier, ſoudain vindrent à concepuoir en leur entendement treſſublablement
la beſongne, & comme ainſi ſoit qu'au parauant ilz eſcriuiſſent ſeulement ſus peaux, en
eſcorces, & roſeaux, toſt apres eſſayerent a fai
re le papier, & a imprimer.
꜡ Vray eſt que pour le commencement ilz
ne beſongnerent gueres bien, mais en experi-
mentant ſouuent vne meſme choſe, en peu
de temps furent ouuriers en tous les deux
meſtiers, & feirent tant que la ou ilz nauoient
que des copies des liures Grecqs, ilz eurent
tout plein de beaux liures imprimez de leur
impreſſion.
꜡ Certes maintenant ilz n'ont rien aultre
choſe quand aux liures que ce que iay recité,
mais ſus leſdictes copies imprimées, ilz ont
diuulgue & mis en lumiere pluſieurs milliers
de volumes.
꜡ Si d'aduenture il vient quelque perſonnaige en Vtopie pour veoir le pays, & ſil eſt hó-
me de cerueau & d'eſprit, & ſil a veu le móde
 &

& leur en puisse parler & deuiser, croyez qu'il est le biẽ venu, pour ceste cause ie y fus agreablement recueilli, & nostre arriuée leur fut agreable.

Certes voluntiers escoutent, quand on leur compte ce qu'il se faict au monde. Quãd au reste gueres de marchantz ne vont en ce lieu pour marchander, qu'est ce qu'ilz porteroient, sinon du fer, ou or & argent: qu'vn chascun aymeroit mieulx reporter eu son pais.

¶ D'aduantage ce que les marchantz pourroyenr charger en ce pais, eulx mesmes l'ayment mieulx transporter aux aultres regiõs, & me semble vng acte de prudence, que les estrangers les viennent querre en ce lieu, ce qu'ilz tont, affin quilz ayent la certitude & cognoissance des meurs, & de la maniere de viure des natiõs foraines, & ausi de peur qu'ilz ne mettent en oubly l'usaige & science de la mer.

Des

Des ſerfz.

ILZ N'EVSSENT point d'eſclaues & ſerfz qui ont eſte prins à la guerre, ſi la guerre n'a eſte menée par eulx meſmes ne ſe ſeruent denfantz de ſerfz, ne de ſeruiteurs qui pourroient achapter des aultres nations, mais de ceulx de leur pais, qui ont eſté redigez à ſeruitude pour aulcun crime, ou de ceulx qui ſont condamnez a mort aux villes eſtrangieres, dequoy il eſt le plus, & de ceulx la ilz en amenent beaucoup qui ne leur couſtent gueres, & le plus ſouuēt les ont pour neant.

La merueileuſe equité de ceſte gent vtopiéne.

Telles

❡ Telles manieres de seruiteurs sont contrainctz de ne besongner seulement tant que ilz viuront, ains sont detenuz & serrez en chartres & prisons apres auoir ouuré, ilz traictent plus rudement ceulx de leur pays que les estrangiers, comme ayantz merité plus dur torment & comme gens perduz, ou n'ya nul espoir de conuersion, consideré quilz auoyent esté de ieunesse tout bien nourriz & instruictz a vertu, & toutesfoys ne se sont peu contenir d'estre meschantz.

❧ Ilz ont chez eulx daultres sortes de seruiteurs, quand quelque valet destuues, ou aultre manouurier de vne aultre region, qui est pauure & bien besongnant de son gré eslit seruir en Vtopie, ilz les traictent honnestement, & ne leur donnent gueres plus de trauail, que ce qu'ilz ont eulx mesmes acoustumé de prendre, & ne les recoipuent gueres moins humainement & doulcemẽt que leurs citoiens.

❡ Quand quelqu'vn d'eulx s'en veult retourner à son pays, ce qui n'aduient souuent, ilz ne le retiennent oultre son vouloir, & ne le laissent aller sans le bien salarier.

Des maladies.

* Ilz pensent tresbien des malades comme i'ay dit au parauant, & n'obmettent rien totalement, qu'ilz nestoient par medecines, ou bons traictementz de vins & viandes, remis en santé.

❧ Mesmes ceulx qui sont malades de mala

die

die incurable, ilz les consolent de leur parol le, de leur presence, en adioustant finalement tous les contortz qu'il est au monde possible de leur donner.

Et si la douleur n'est seulement irremedia le, ains continuellement vexé & afflige le pau ure patient, lors les prestres & gouuerneurs du pais viennent admonnester le langoureux, lui remonstrantz puis qu'il est incapable pri ue, & estrangé de tous plaisirs & benefices de vie, n'apportant qu'ennuy & fascherie aux aul tres, a luy mesme nuisible, suruiuant sa mort, ne se doibt determiner de plus longuement nourrir ce mal, & consideré aussi que la vie ne luy est aultre chose que torment, ne craigne mourir, mais qui plus est preigne bon esperãce, & sexempte luy mesme de ceste tant dou loureuse & miserable vie comme d'une prison & eguillon qui tousiours le poinct, ou de son gré souffre que les aultres l'en ostent, & qu'en faisant cela, il destruira par sa mort, nõ pas son bien & commodité, mais son supplice, & fera prudentement, religieusement & sainctement, apres auoir obey en telz affaires au conseil des prestres, qui sont declarateurs des voluntez de Dieu. Ceulx a qui ilz ont per suadé ces choses voluntairement finent leur vie par fain, ou sont induictz a dormir, & en dormant sont deliurez de leurs maulx, sans sentir nullement les douleurs de la mort, & croient qu'il est honneste d'ainsi mourir, hom me

Mort voluntaire.

me nest contrainct en ce point finer ses iours, sil ny preste son vouloir, & ne laissent de luy faire plaisir & seruice durant sa maladie, aultrement celuy qui se donneroit la mort sans l'authorité & conseil des prestres & du Senat son corps n'est point bruslé ne mis en terre, mais iecté sans sepulture vilainement dedans quelque palus ou bourbier. vne fille ne se marie point en ce pais qu'elle n'ayt dixhuict ans, & vng compaignon qu'il n'ayt vingt & deux ans. Si l'homme ou la femme deuant quilz soyent mariez sont conuaincuz de furtiue lubricité, on les punit griefuement, & sont priuez d'estre iamais mariez, si le prince ne leur faict grace. Le pere & la mere de famille ou tel acte a esté perpetré, cõme n'ayãt point biẽ faict leur debuoir de les garder, demeurẽt en grande infamie & scandale.

Et ce qui est cause qu'ilz font si grosse punition de ce delict, cest quilz considerent pour l'aduenir que peu s'entretiendroiẽt en amour coniugale, ou il fault vser sa vie auec sa partie, & endurer les ennui & fascheries de mariage ce pendant, si diligemment n'estoient refrenez & retrenchez d'adultere.

Des mariages.

Le rit & mode qui semble a nous irraisonnable & ridicule a choisir femmes, ilz l'obseruent a bonescient, grauement & sans mocquerie.

* Quand quelqu'vn d'eulx se veult allier par mariage a quelque ieune pucelle, ou femme veufue

veufue, vne mere de famille honneste & saige sera despoullier ladicte fille ou femme la presentant deuant l'amoureux, autāt en fera quelque vertueux homme dudict amoureux, le liurant tout nud deuant lamoureuse, & contempleront l'vn lautre hault & bas, pour cognoistre se tout y est bien accompli, or cōme nous n'approuions ceste coustume, nous en mocquant comme chose mal decente & deshōneste, les Vtopiens feirent responce, qu'au contraire ilz s'esmerueilloient de la grande folie de toutes les aultres nations, lesquelles quand il est question d'achapter seulemēt vn cheualot de cincquante souldz,

❧ Ilz ont tant de peur d'estre trompez, que iacoit ce qu'il soit quasi tout nud, encore refusent, ilz à l'achapter, sinon ne luy oste la selle & la bride, de peur que soubz ces couuertures la il ny ait quelque vlcere cacheé.

❧ Et quand ilz se dementent de choisir vne femme, dont il vient plaisir ou fascherie qui durent toute la vie, ilz sont si peu songneux, qui la prennent non sans grand peril & danger d'estre mal assortez, si par apres quelque chose ne leur plaist, ne la voyant seulement q̃ par le visage descouuerte, ou a grand peine y il la largēt d'une paulme, si que tout le demourant du corps est enueloppé & couuert de robbes & acoustrementz.

❧ Certes les Vtopiens ne se tiennent point si saiges, qu'ilz ayent esgard seulement à

la

la bonté d'vne femme, les plus prudentz mesmes de ce pais quand ilz se marient, veulent biẽ qu'auec les vertuz de lesprit de leurs femmes, soient adiouſtées aussi les graces & perfections du corps.

¶ Veritablement telle difformité se peult recouser soubz telles enuelopes & rideaux, que elle pourra totallement aliener le coeur d'vn mari d'aymer iamais sa femme, lequel ne se peult plus separer du corps de ladicte femme. Et sil viẽt a cognoiſtre ceste difformité apres le mariage contracté, il fault quil endure & se contente, doncques il eſt meſtier deuant le mariage d'y pouruoir par loix & ordonnances affin que nul n'y soit trompé, & dautant plus soigneusemẽt les Vtopiens y ont pense, pour ce que ceſt la nation seule qui entre toutes aultres, de ceste partie la du monde, se contente d'une seule femme, & le mariage en ce lieu ne se rompt pas souuent aultrement que par mort, si adultere n'en eſt cause, ou fascherie & ennui de complexion qu'on ne peult tolerer. Quand le mary ou la femme sont offensez par adultere, a celuy qui à droict eſt donné cõgé par le Senat de changer sa partie, celuy ou celle qui à tort demeure scandalizé & infame & ne se peult iamais remarier, de repudier sa femme maulgre qu'elle en ayt, qui n'a faict faulte, & pource qu'il luy eſt aduenu quelque maladie, ou accident en nulle sorte ne l'endurent.

Les diuorces.

* Ilz

Ilz diſent que c'eſt choſe inhumaine de delaiſſer vn perſonnage ſpecialement quand il a neceſſité de confort &, conſolation, & de ſe mouſtrer deſloyal a femme & mary quand il eſt vieil, veu que vielleſſe eſt ſubtecte à beaucoup de maladies, & meſmes eſt vne vraye maladie, quand au reſte, il aduient aulcunnesfoys quãd deux gens mariez ne peuuẽt durer enſemble, de leur volunté & accord ſe ſeparent, & rreuuent parties auec leſquelles ilz eſperent viure plus doulcement, & ſe mariẽt, mais non pas ſans l'authorité du parlement, qui n'admet poinct le diuorce ſe la cauſe ne luy eſt diligemmẽt congneue par le recit des maris & des femmes.

Encore cela ne ſe faict facilement, pour ce que la court congnoit que ceſt eſpoir facile de nouueau mariage propoſe & mis deuant les yeulx des perſonnes n'eſt choſe vtile a entretenir & conformer l'amour entre gens mariez.

Ceulx qui rompent mariage ſont puniz de griefue ſeruitude, c'eſt a ſcauoir quand vn hõme marié ſe ioue auec vne femme mariée aultre que la ſienne, ou qu'vne femme mariée prend ſon plaiſir auec vn aultre que ſon mary, ceulx à qui on a faict tort repudient les adulteres, & leur eſt permis de ſe marier enſemble ſilz veulent, ou a d'autres ou bon leur ſemblera.

Mais ſi vn hõme qui a eſté offenſé ou vne

femme ne veulent abandonner leurs parties, & perſiſtent en l amour d'icelles, qui leur ont faict ſi grand deſplaiſir, ne leur eſt inhibé ne defendu de viure enſemble en mariage, pour ueu que l'innocent voiſe auec celuy qui eſt cō damné d'eſtre en ſeruitude & beſougnent cō me les aultres ſerfz & criminelz.

Et de cela aduient aulcunuesfoys que la penitence de l'un, & ſoing proffitable de l'aul tre tournāt le prince à pitié, les remet en leur premiere liberté, mais ſi celuy qui a offenſe re cidiue, on le faict mourir aux aultres delictz nulle loy a eſtabli certaine punition, mais d'au tant que le crime eſt atrocé ou legier, d'autant la peine eſt decernee grande ou petite par les Senateurs.

punitions eſtimees a l'arbitrage des offi- ciers.

Les maris puniſſent leurs fēmes, & les peres & meres leurs enfantz ſilz n'ont commis cho ſe ſi enorme, qu'ilz les faille punir publicque- ment pour donner exemple aulx aultres.

Mais communément les gros pechez ſont punis de ſeruitude, & penſent les Vtopiēs icel le ſeruitude n'eſtre moins griefue & triſte aux delinquantz que ſi on les failoit mourir, & ſi apporte plus grand proffit a la republicq̄.

* Certes leur trauail eſt plus vtile & plus proffitable que leur mort, & par leur exem- ple deſtournent plus longuement, & don- nent terreur aux aultres de faire le ſembla- ble.

Et ſi en ce point traictez ilz ſe rebellent

&

& recalcitrent,finalement ainſi que beſtes indomptées & felonnes, ſont occis leſquelz la chartre auſſi les chaines n'ont ſceu refraindre ceulx qui portent leur captiuité patiemment ne ſont exemptz totalement de toute eſperance.

℃ Apres auoir eſté domptez & chaſtiez par longs tormentz,ſi'on voit en eulx telle penitence,qui teſmoigne & donne apparence que le peche quilz ont commis leur ſoit plus deſplaiſant que la peine qu'llz ſouffrent la ſeruitude eſt mitigée, ou remiſe par la prerogatiue & authorité du prince,ou par le commun accord du peuple,auoir ſollicité vne fille pour la deflorer,il n'ya moins de danger que de l'auoir violé.

La punition quilz font de ceulx qui ſolliciteut les filles pour les deflorer.

Ilz eſgalent tout effort & propos deliberé à l'acte,en tout crime,& la volunté reputẽt le faict, diſantz que l'empeſcement ne doibt profiter à celuy, auquel il n'a tins qu'il ait eu empeſchement.

Les Vtopiens prennent grand plaiſir aux folz. Et tout ainſi comme c'eſt grand deſhonneur & reproche de leur faire oultrage & iniure,par ſemblable ne defendent point que on ne preigne recreation a leur folie: Et diſent que cela tourne à grand bien aux folz, pour ce que ſi aulcun eſt trouué tant ſeuere & triſte que il ne rie des faictz & dictz que on veoit en vng fol il ne luy donnent iamais la tution & garde dudict fol, craignantz

 quil

qu'il ne soit assez doulcement pensé de celuy a qui il ne peult apporter fruict aulcun, ou delectation , qui est le seul bien qui les tient en santé & bonne disposition, de se trufler ou gaudir d'vn personnage laid ou imparfaict de ses membres,ce n'est le deshonneur de celuy qui est mocque,mais de celuy qui faict la moncherie,qui luy reproche folement comme si c'estoit vice vne chose qui n'estoit point en sa puissance d'euiter & escheuer , ainsi que les Vtopiens sont d'opinion q̃ de ne garder point sa beaulté naturelle, c'est à faire a gens nõchalans & paresseux , aussi reputent ilz insolence deshonneste de se farder.

De ceulx qui se fardent.

¶ Ilz sont d aduis que par cest vsaige aulcune grace de beaulté de femmes ne doibue estre tant recommendable à leurs maris,comme bonté de meurs & reuerence.Et tout ainsi comme on veoit qu'aulcuns se delectent en la seule beaulté,d'vne femme aussi n'est il hõme qui y soit retenu,sil n'y treuue vertu & obeissance,

Les Vtopiens incitent leurs citoyens a faire leur debuoir par loyers & presẽtz

☛. Les Vtopiens ne donnent seulement terreur par punitions a ceulx qui auroient vouloir de mal faire,ains se nõment a vertu ceulx qui ont vouloir de bien faire par prix & honneurs mis deuant leurs yeulx , pour tant on ilz coustume de faire mettre en lieux publicques les statues des excellentz personnaiges qui ont faict quelques plaisirs a la republicque en souuenance de leurs bons actes,affin que la gloire

gloire de leurs maieurs soit vn esperon & incitation aux vertuz à leurs posterieurs.

¶ Celuy qui sera attainct d'auoir pretendu à quelque dignité ou office par corruption, ne ayt iamais espoir de paruenir à aulcunne, ilz frequentent & conuersent ensemble amiablement, les officiers ne sont arrogantz, fiers, ne terribles, ilz sont nommez peres, & se monstrent telz, voluntairement on leur faict l'honneur qu'on est tenu de leur faire, les subiectz ne les honorent maugré eux, les robes precieuses, ne la couronne ne deuise point le prince des aultres, on le congnoist seullement a vne poignée & glenue de blé qui le porte deuant luy, comme l'enseigne d'vn Euesque & prelat est vn cierge que quelque ministre tiẽt en main deuant luy.

Iugement des ambitieux.

* Ilz ont bien peu de loix, & s'en contentent pource qu'ilz sont bien regis & gouuernez, & blasment specialement ceste chose chez les aultres nation, cest assçauoir qu'infinitz liures de loix & d'interpreteurs ne leur suffisent, ilz disent que c'est chose tresiniuste, qu'aulcuns hommes soient obligez à telles ordonnances, qui sont en si grand nombre qu'on ne les scauroit parlire, ou si obscures qu'ame ne les entend, les aduocatz aussi qui traictent les causes finement & cauteleusement, & disputent des loix trop subtillement & malitieusement sont tous expulsez de leur republicque, disantz que c'est le profit que vn chascun mene

La dignite du prince.

ſa cauſe,& que il racompte au iuge,Les choſes meſmes que il pourroit,reciteroit a ſon aduocat.

☛ Ainſi y a il moins d'ambages, & plus facilement on tire vne verité, quand celuy meſme qui playde compte ſa matiere, lequel nul aduocat ne luy à apprins vn tas de fineſſes & fainctiſes dequoy ilz ont accouſtumé d'uſer.

* Parquoy le iuge diligemment & induſtrieuſement peſe toutes choſes, & ayde aux hommes ſimples, contre les tromperies des ruſez & caultz,ce qui eſt difficile d'obſeruer chez les aultres nations entre ſi grand tas de loix perplexes & doubteuſes.

¶ Quand au reſte, en Vtopie vn chaſcun eſt bon legiſte,car comme iay dit il ya bien petit nombre de loix,& tant plus en eſt linterpretation groſſiere,d'autant plus ilz l'eſtiment equitable & droicturiere.

☛ Conſideré (diſent ilz) que toutes loix ſe promulgent,affin que chaſcun ſoit admonneſté de faire ſon office & debuoir, quand ladicte interpretation en eſt plus ſubtile& cachée peu en ont la coguoiſſance, parquoy peu en ſont adminiſtraz, mais quand le ſens en eſt plus facile ſimple & vulgaire, il eſt manifeſté à tous aultrement auoir ſi grand monceau de loix qui touchent le peuple, & a beſoing d'en eſtre admonneſte & les ſcauoir,& ne les peult entendre, qn'elle difference y trouuez

vous

vous ſinon qu'il ſeroit auſſi vtile de n'en auoir poinct faict qu'apres qu'elles ſont eſtablies les interpreter en ſorte que nul ne les peult exprimer ſinon par grand eſperit & longue diſputation, a quoy ne peut attaindre pour en chercher le ſens, vn peuple rude, & de gros entendement, & auſsi ſa vie n'y peult ſuffire & vacquer, pource qu'elle eſt empeſchée aux choſes qui luy ſont neceſſaires touchant boire & menger.

¶ Les peuples voiſins incitez de la bonne police & vertu des Vtopiens, leſquelz peuples francz & libres, vont leur demander des officiers & gouuerneurs ſi que les vnz en impetrent tous les ans, les aultres pour cinq ans, (certes leſdictz Vtopiens ia de long temps en ont deliuré pluſieurs de tyránie) puis quãd leſdictz gouuerneurs ont faict leur temps ilz les remenent auec honneur & louenge, & en remenent de nouueaux en leur pays.

Ainſi leſdictes nations tresbien certes & ſalutairement poruoyent à leur republicque, de laquelle veu que le ſalut & grand deſpend de meurs des chefz, & magíſtratz, qu'euſſent ilz peu plus diſcretement & ſagement eſlire, que ceulx qui ſont incongneuz à leurs citoyens, & qui ne peuuent eſtre diuertis de honneſteté par or ne par argent (que leur proffiteroit l'or & l'argent, veu quilz font retour en peu de iours en leur pais, & puis ilz n'en n'ont nulz vſage) & auſsi ceulx que on ne peult fleſchir pour l'amour ou la hayne d'aulcun.

¶ Ces deux maux icy auarice & affection depuis qu'ilz ſappuient à quelques iugementz, ſoudain peruertiſſent & rompent toute la bõne iuſtice, qui eſt le treſpuiſſant nerf de la republicque.

Les vtopiẽs ne font iamais paix auec les aultres nations.

Les Vtopiens appellent ces peuples a qui ilz baillent des gouuerneurs, qui par eulx leur ſont demandez, leur confederez & alliez, & les aultres à qui ilz ont faictz quelques biens ilz les nomment & appellent leurs grandz amis.

La paix que les aultres peuples font ſi ſouuent entre eulx, & meſmes la rompent, & renouuellent. Les Vtopiens ne ſen ſoucient, & n'en font iamais auec nation aulcunne, dequoy ſert faire paix diſent ilz, il ſemble que nature ne ſoit aſſez ſuffiſante de metre amitié entre les hommes, & quicõque la cõtenne il a plus de ſoing du cõtract verbal qui ſe faict de la paix, qu'il n'a de la choſe meſme.

Et ce qui les attire à ceſte fantaſie la, ceſt qu'en ces quartiers circonuoiſins de eulx, les princes ne gardẽt gueres fidelement leur promeſſes, ne la paix auſsi.

Certes en Europe, & principallement es parties q̃ la foy de noſtre Seigneur Ieſuchriſt & la religion poſſede, la maieſté & authorité de la paix eſt ſainctement & inuiolablement obſeruée, & en partie par la iuſtice & bonté

des

des princes chrestiens,aussi pour la reuerence & crainċte des papes,a qui on ne promet rien quon ne tienne,& autant en font ilz religieusement & entierement,& commandent à to⁹ princes quilz demeurent constantz en toutes leurs promsses,& ceulx qui y contreuiennent les contraignent par censures & a iustedroiċt ilz pensent que ce soit chose deshonneste,si la foydeffault commun à ceulx qui sont en leur nom appellez fideles.

* Mais en ceste nouuelle rondeur terrestre, c'estascauoir. Pres des Vtopiens,que la ligne de lequiuocxe separe a grand peine si loing, de cestuy nostre pays,que la vie & les moeurs different,il n'ya point d'asseurance á la paix & d'autant plus qu'elle est estrainċte & conformée de plusieurs sainċtes cerimonies ,d'autát plus legierement elle rompt,pource que facilement se treuue aux contraċtz & appoinċtementz quelque parole de finesse & tromperie,qui y est inserée & diċtée tout de gré par cautelle , en sorte que lesdiċtz contraċtz ne peuuent estre estrainċtz de si fermes obligations,qu'il n'eschappe quelque mot,qui soit cause a la fin de la deception & mocquerie de la paix,ensemble de la promesse & foy.

* Et si ceulx qui sont auec ses princes qui se glorifient auoir eulx mesmes, esté inuentifz de ce conseil,trouuoient ceste ruze frande & deception aux contraċtz & apoinċtementz, des personnes princes,ilz crioient apres eulx

par vne fieré & grande arrogance,& diroiēt que ce ſeroit vray ſacrilege, & choſe digne deſtre punie,au gibet,dont il aduient que iuſti ce ne ſemble eſtre aultre choſe qu'vne vertu vulgaire, triuale & de petite eſtophe, qui eſt plantée & aſſize tout au bas du Throne royal ou a tout le moins quil ſoient deux iuſtices, lvne allant à pied & ioygnant de la terre apar tenant au peuple,qui ſoit enchainée de tous coſtez de pluſieurs chaines de crainɛ̃te quelle ne ſe ieɛ̃te hors de lenclos ou elle habite. Laul tre eſt la iuſtice des princes,qui d autant quel le eſt plus magnificque & ſumptueuſe que la iuſtice du peuple,dautant eſt elle plus libre & franche,à la quelle neſt rien illicite, ſi non ce quil ne luy plaiſt point.

¶ Ie croy que ceſte maniere de viure des prin ces ſuſdiɛ̃t,qui gardēt tant mal la paix,eſt cau ſe que les Vtopiens nen veulent point faire, & ſilz viuoient en ce pais icy,poſſible change roient ilz leur opinion. Iacoit ce quil ſemble aux ſuſdiɛ̃tz princes,ſiue la paix en ce poinɛ̃t ſoit bien gardée,non obſtant ceſte couſtume mauuaiſe dainſi confermer ladiɛ̃te paix aprins acroiſſance en le pays, par laquelle eſt faiɛ̃t que les hommes penſent eſtre nez. Pour eſtre ennemis lvn à lautre,&que iuſtemēt ſe peuēt entrenuire ſi la paix ne le defend,(quaſi com me ſi lalliance de nature ne fuſt vaillable aſſez de ioingdre & allier vn peuple auec vn aultre peuple,quvne coſte ou vn ruiſſeau ſepare par petite diſtãce de lieux)or quãd la paix eſt ainſi faicte & confermée comme iay dict,ce neanmoins lamitie entre eulx non eſt point pluscõ ualidée ne corroborée,ains demeure vne licẽce de courir les terres les vnz des aultres,entant que tout a eſcient en faiſant leurs ,contractz des peix,ſont parolles comprinſes auſdictz accordz canteleuſement & malicieuſement,qui nempeſchent quilz ne ſoient ennemis comme ſilz nauoient faict aulcun traicté de paix,Les Vtopiens au contraire ſont dopinion,quon ne doibt eſtimer homme ſon ennemy,qui na faict tort ou iniure,& que lalian ce de nature entre les hommes doibt teint le lieu de paix,& quil eſt trop meilleur& plus vaillable eſtre conioinct par bien veillãce,que par promeſſes & apoinctement,& eſtre vny & con feré de coeur,que de parolles.

De

¶ De la maniere de guerroier des Vtopiéns.

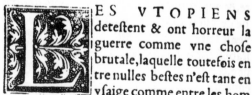

LES VTOPIENS deteſtent & ont horreur la guerre comme vne choſe brutale, laquelle toutefois entre nulles beſtes n'eſt tant en vſaige comme entre les hommes, & ne font pas grand'eſtime de la gloire qu'on va cherchant en faict d'armes, qui eſt contre la mode preſque de toutes nations. *Et iacoit ce que aſſiduellement non ſeulement les hommes, mais auſſi les femmes a quelques

quelques iours determinez ſ'exercent audiƈt meſtier, de crainƈte qu'iz ne deueinnes rudes & mal adextre, quand l'uſaige le requiert, toutefois communement.

N'entreprennent bataille, ſi ce n'eſt pour defendre & garder leur terre & limites, ou pour repouſſer les ennemis reſpandu parmy les champs de leurs amyz & alliez, ou par cõpaſſion deliurer quelque peuple oppreſſe de tyrannie, de la ſeruitude & ioug d'vn tyrant, ce quilz font de tout leur pouoir par humanité & clemence.

Combien qu'ilz facent plaiſir de leur aide, & non pas, pour eulx defendre touſiours mais aukunnefois pour rendre & faire la vengeance du tort faiƈt à leurs amis.

* Mais ſcauez vous comme ilz font cela, certes ilz le fond quand on va par deuers eulx à conſeil, & que la choſe eſt encore entiere, & ſ'ilyſont d'oppinion quon doibuẽ faire la guerre, & approuuent la choſe, quand on a demandé ce quon querelle, & laduerſe partie nen veult faire reſtitution, allors eulx meſmes eſtabliſſent & conſtituent la guerre eſtre menée, & non ſeulement toutes les fois que les ennemis ont faiƈt courſes & ribleries & emporté quelque butin, mais encore plus cruellement quand en quelque lieu on a faiƈt iniure aux marchantz de leurs diƈtz amiz ſoubz couuerture de loix inicques, ou quilz ont eſté trompez ſoubz couleur de iuſtice par mauuaiſe

ſe imterpretarion,& ſiniſtre deſguiſement des bonnes ordonnances. Iamais leſdictz Vtopiens n'entreprindrent faire la guerre contre les al Alaopolites à la faueur des Nepheloge. tes)qui fut faicte vn peu auant noſtre temps) ſi non pour ce que les alaopolites ſoubz vmbre d'acquite & droict ouoient faict outraige aux marchantz,des nephe logetes.ainſi quil leur ſembloit.

Or fuſt a droict ou à tort l'iniuſtice fut punie par ſi cruel conflict,que toutes les deux nations qui eſtoient treſfloriſſantes en ſouffri. rent groſſe perte,ſi que les nephelogetes fu. rent grandement indommaigez,& les alao. polites deffaictz & vaincus,puis la reddition & ſeruitude deſdict Alaopolites termina be. aucoup de maulx qui ſourdoient de iour en iour,& ſi multiplioient l'vn de l'autre. Par la quelle reddition & ſeruitude leſdictz Alaopo lites tunberent en la ſubiection de Nephelo. getes,qui n'eſtoient à comparer en cas d'opulẽces & richeſſes aux Alaopolites.

*Or a eſte iournée n'eſtoient aſſemblée ſeulemẽt les puiſſances de ces deux peuples,ains auſſi l'inimitie,les offortz,& les biens des nation circonuoiſins.

Voila comme les Vtopiens pourſuiuent aſprenent l'iniure faicte à leurs amys, pour argent & pecune,& ne ſe vengent pas ainſi du tort qui leur eſt faict à eulx meſmes.

Si daduenture il aduient quilz ſoyent deceuz

deceuz en pardant de leurs biens,moyennent quon ne tace point deffort & violence à leur corprs,ilz ne ſe monſtrent point aultrement ennemys,ſi non quilz ne veulent frequenter ne traphicq̄r auec leurſdictz ennemis,iuſques à ce quilz ayent ſatiffaict.

Non quilz ne ſoiēt auſſi ſoigneux de leurs citoiens, comme de leurs confederez, mais ilz ſont plus mal contentz quon tould le bien d'iceulx alliez,que le leur propre, pour ce que les marchantz de leurs amis.

*Quand ilz perdent quelque choſe, c'eſt de leur argent ou bien particulier, & pourtant en recepuent ilz plus de dommaige.

* Mais leurs citoiens ſilz perdent quelque choſe,tous participent à la parte, car ceſt du bien publicq,puis de ce quilz ont en abondance chez eulx,ceſt comme vne choſe ſuper flue, & qui aultrement ne ſe tranſporte dehors du pays,par quoy ſil en aduient detruuent,auec deulx ne ſen ſent pourtant ſont d'opinion que ce ſeroit trop grande inhumanité de venger tel dommaige par la mort de pluſieurs,duquel perſonne dentre eulx n'en apercoit l'incommodite, ou en ſon boire & menger,ou à lentretenement de ſon corps & ſa vie,

Quand au reſte ſi aulcun diceulx eſt en quelque contrée blecé, ou mis à mort ſoit par conſeil publicq, ou particulier, la choſe

chose congnue & auerée par leurs ambassa. deurs, iamais on ne les, appaise qu il ne denon cent la guerre, si les coupables ne leur sont rē duz lesquel ilz punissent de mort ou seruitu de victoires acquises par sang, leur faschent, & mesmes en ont honte, estimant estre vne be. stetie dachapter trop vne marchandise, com. bien quelle soit precieuse.

Ilz se glorifient & resiouissent grandement quand leurs ennemys opprimez, sont vaincuz par fraude & finesse, & en triumphent public quement pour ceste chose, dauantaige pen. dent les despouilles desdictz ennemis en quel que lieu eminent, comme si ce fust vne grand promesse dauoir ainsi vaincu.

* Finalement se vantent dauoir faict acte ver tueux & bellicqueux, toutesfois quen ce poinct ont acquis la victoire, cestascauoir par force desperit & subtilite, ce quvne aultre beste ne peult faire, fors lhomme.

* Certes disent ilz, les ours, Lyons, sengliers Loups, chiens & aultres bestes ne bataillent si non par force corporelle, entre lesquelles ainsi que maintesnous surmontent de puissan ce & cruaulté, aussi nous les surmontons tou. tes desprit & raison.

* En leurs guerres ilz ont esgard á vne cho. se, cest quilz se contentent quand ilz obtiēnēt le cas dequoy ilz querellēt, le quel sil leur eust esté otroyé des le commencement, neussent faict la guerre.

Mais

Mais si la chose va aultrement ilz appetẽt si seuere vengeance de ceulx à qui ilz imputent le faict, que la terreur pour l'aduenir les destourner de s'enhardir a faire le semblable.

Voila le but qu'ilz establissent de leur volunte, lequel toutefois ilz viennent a toucher auec prudence & maturité & quand il en est temps.

En sorte qu'ilz sont bien plus soigneux d'euiter [illegible] possible l'aduenture & peril, de guerre, que d'acquerir bruit & louenge par icelle.

Doncques incontinent que la guerre est denoncée, font de petitz escriptz, ou scedules. lesquelles ilz signent de leur seing publicq, & les font pendre secretement sur la terre de leurs ennemis, en quelques lieux emineulx, tout en un temps, par lesquelles ilz promettent grands salaires à ceulx qui occiront le prince ennemy, puis font promesse aussi de donner loyer (non pas si grand, mais toutefois opulent & magnificque) à ceulx qui en feront autant aux personnaiges desquelz les nõms sont specifiez en ces mesmes schedules, lesdictz personnaiges condemnez par eulx a mort, & sont ceulx qui apres le prince ont esté inuenteurs du conseil prins contre eulx pour faire la guerre.

Tout ce qu'ilz ont determine de donner aux meurtriers susdict, ilz le doublent quand on leur amene vn des [illegible] personnaiges prescriptz en vie. Et mesmes si ceulxqui sont pr criptz & cōdānez veulēt faire le semblable e uers leurs compaignons ,ilz ont le loyer que i'ay allegué,& leur remet on la paine qui leur estoit deputée par quoy il ce faict de legier, que ledict prince & aussi lesdictz proscriptz ayent diffidence de tons les aultres , & mes. mes ne se fient pas l'vn à l'autre , & ne sont gueres asseurez,& sont en grand craincte , & non en moindre peril.

*Il est tout clair que souuentefois par cela est aduenu,que la plus gande partie,& mesme le prince ont esté trahyz de ceulx á qui ilz se fioient,totalement.

*Voila comment les dons & presentz con. straignent & poussent à tout mal , ceulx qui sont,auaritieux & qui n'ont iamais suffisance.

Les Vtopiens recordantz en quel danger iceulx dons admonnestent les hommes de se metre,metent peine que la grandeur du peril soit recompensée,par magnitude & abondan ce de biens,pourtant prometent ilz non seule ment gros mouceau d'or,ains terres & lieux de grād reuenu,en endroictz seurs chez leurs amyz,lesquelz ilz assignent comme leur pro- pre & a iamais,a ceulx qui font telz actes , & leur tiennent promesse fidelement & entiere.

Les Vtopiens s'estiment acquerir grand honneur,comme gens prudentz & discretz, par ceste mode de metre a pris & achapter sō ennemy,que les aultres nations blasment &

reprouuent

reprouuent, cõme si ce fust le faict d'vn cœur cruel & degenerant d'humanité, alleguent pour leurs raisons lesdictz Vtopiens, quen ce poinct se prennent & exemptent de grosses guerres, sans coup ferir, & qu'ilz sont humains & misericordieux, pour ce quilz rachaptent la vie de grande quantité d'innocentz par la mort de peu de coupables, lesquelz innocent eussent esté tuez en bataillant, tant de leur coste comme de la part de leurs ennemis.

* Certes ilz ont quasi aussi grande pitié du commun peuple & tourbe ennemie comme de leur, scachantz que de leur gré ilz n'entreprennent la guerre ains y sont constrainctz par la furie des princes.

* Or si la chose que iay deuant dicte ne viẽt ainsi, ilz treuuent le moyen de semer quelque discorde entre le frere du prince (s'il en a) & le dict prince, ou entre luy & aulcun gros seigneur de la court, luy donnant esperance de iouir quelquefois du royaulme.

* Si telles sortes de lignes & factions ne se peuuent faire au royaulme, ilz suscitẽt a leurs ennemis le peuple voisin, & les mettent en different, faisant venir quelque viel tiltre, ou droit de quelques terres a lumiere, de quoy les rois ne sont iamais dessans. Dauãtaige leur ꝓmettẽt aide de leurs biẽs pour mener la guerre, & leur eslargissent abõdãmẽt or & argent pour ce faire. quãd est de leur citoiẽs le moins qlz peuuẽt les hasardẽt aux cõflictz, lesquelz

ilz cheriſſent & aymãt tant,& meſmes iceulx preſent tant l'vn l'autre, quilz ne voudroient voluntiers changer & permuter l'vn d'entre eulx,pour vn prince ennemy.

Et pour ce que tout l'or & l argent qu ilz ont emploie ſeulement à luſaige de la guerre,ilz ne le diſtribuent pas enuis,ny à regret cal ſil eſtoit tout dependu a c'eſt affaire,ilz ne laiſſeroient à graſſement vint comme ilz ont de couſtume.

Auſſi oultre leurs richeſſes domeſticques, ilz ont vn threſor infini hors de leur pays, auquel ſont obligez comme iay dict deuant, pluſieurs nations,ainſi entretiennent de cela de tous coſtez gens de guerre qui ſont à leur ſoulde,& les enuoient aux conflictz quand beſoing en eſt & principalement les Zapoletes.

Ce peuple eſt loing d'Vtopie deux centz cinquante lieues,vers ſoleil leuant,vne natiõ mal en ordre,mal dreſſee, & mal ornée quand au corps & habitz,agreſte, cruelle, tenant de la nature des foreſtz & aſpres montaignes ou ilz ſont nourriz,vne gẽt dure,patiente au froit & trauail,ignorante de tous plaiſirs & voluptez,ne ſaplicquẽt au labouraige ,nonchalante dedifices & veſtementz ayant ſeulement le ſoing des beſteaulx,& pour la plus graud' partie viuant de venaiſon , & choſes deſrobées.

Ces gens la ſont ſeulement nez à la guerre

guerre,cherchantz tous les moiens de guerroier,& depuis quilz les ont trouuez,ilz lesprẽnene conuoiteusement, puis partent de leur pais en grosse trouppe,soffrent pour bien petit gaiges.a tous ceux qui les demandent ,ilz scauent seulement le mestier,de quoy on sacquiert la mort,ilz bataillent vertueusement vaillamment &fidelement pour ceulx qui les gaignent,mais ilz ne sobligent a nul certain iour,ilz se viennent rendre a vn party soubz ceste condition,que si le iour dapres l'aduerse partie leur donne plus gros gaiges ilz y demeureront.

* Et si le iour ensuiuãt les premiers quilz ont seruiz,leur offrent dauantaige,ilz retournent soubz leur soulde.

*On ne faict gueres de guerres, que la plus grande partie diceulx ne soit en lun & laultre exercite:parquoy aduient de iour en iour que ceulx mesmes qui sont de parentaige & affins qui estoient gaigez ensemble,& suiuoient vn party,& viuoient familierement & amiablemẽt les vnz auec les aultres, vn peu apres stimorés & separés en diuers ostz,guerreient mortellement lvn contre lautre,& dvn couraige malueillent oublieux de leur race & amitie sentretient Non esmeuz & incitez,pour aultre cause à sentredommaiger & nuire , si non quilz sont pour bien petit dargent faictz soudardz de diuerces prĩces,ausqlz argẽt ilz mettent si fort leur phantasie,que si treuuent qui leur dõne vne piece oultre leurs gaiges quilz recoipuẽt pour iour, facilement ilz feront instuictz a changer de partye.

* Ainsi legierement sont ilz abreuez dau... ce, qui ne leur profiste toutefois en rien.

* Certes ce quilz acquierent par sang, ilz le consument & dissipent soudain, en superfluite & exces miserable.

* Ce peuple icy mene la guerre pour les Vtopiens contre tous venantz, pour ce quilz sont mieulx gaigez desdictz Vtopiẽs que de metz aultres. Ainsi que les Vtopiens s'accommuniqent de gens de bien desquelz ilz vsent, aussi sallient ilz de mauuais guarnement de quoy ilz abusent. Lesdictz quand il en est tẽps, sont par eulx exposez aux hazardz & grands dangers, par l'impulsion & atraictz de magnificques promesses, dont souuent la plus grand partie diceulx meschantz aduenturiers, ne reuiẽnẽt de la guerre, pour demãder ce qui leur estoit promis, A ceulx qui demeurent viuantz ilz leurs tiennent promesse fidelement & entierement, affin quilz les enflamment pour laduenir a semblables entreprinses & hardiesses. Ilz nechault pas beaucoup aux Vtopiens silz perdent gros nombre desdictz Zopoletes considerantz quilz feroient grand plaisir au genre humain, silz pouoient nettoier & purger le monde de tout cest amas de peuple tãt mauuais & detestable.

Apres

☞ Apres cesdictes bendes d'aduenturies, les Vtopiens vsent des cõpaignies de ceulx pour quaulcunefois ilz prennent les armes pour les defendre, puis saident de la gendarmerie de leurs amis & confederes, finablement ilz y adiouftent leurs citoyens, dentre lesquelz ilz eslisent vn homme de guerre esprouué quilz constituent chef de toute larmée, auquel ilz substituent deux lieutenant, mais ce pendant que ledict capitaine & columnal est saing & entier, les deux aultres nõt nulle charge, mais sil est prins ou tué, lvn des deux lieutenant luy succede comme par droict hereditaire, puys a lautre lieutenant est adioinct vn tiers affin que si daduenture le capitaine perissoit, tont lexercice ne fust trouble &, mis en roupte, (comme le sort de guerre est variable) de chacune cité on eslit vn de leurs soudartz, qui sexercite au train de la guerre pour ces fins que iay icy deuant dictes.

✱ Iamais on ne pousse aux armes, pour guerroier dehors, vn personnaige maugré quil en ait.

☞ Pour ce quilz sont biẽ auertiz & asseurez que si aulcun de sa nature est craintif, il ne fera rien de promesse, mais qui pis est donnera craincte a ses compaignons.

☞ Mais sil est question, que quelque bataille suruienne en leur pays, ilz mettent telles manieres de gens lasches &

couartz(moyennant,quilz soient sains)dens les nauires, parmy les hards & cheualereux. ou ilz les placent ca & la sus les murailles, en quelque lieu ou ilz ne puissent fuir,ainsi la hõte quilz auroient de tumber entre les mains de leurs ennemis, & le desespoir de fuire, ostent la craincte, & souuent lextreme necessite se conuertit en prouesse & magnanimite.

Et tout ainsi que nul deulx nest mené à la guerre oultre son vouloir,aussi on ne defend point aux femmes dy aller sellesveulent compaigner leurs maris.

*Mais qui plus est y sont admonestées & incitées par louenges

*Et quand elles sy treuuent sont rengées ioygnãtes de leursdictz maris,& tout a lentour sont mis leurs enfantz,leurs parentz & leurs affins, affin que mieulx puissent secourir les vnz les aultres.

*Et dauantaige nature les esmeut plus a sentreayder , que silz nestoient de parentaige.

* Ce leur est vn grand vitupere & esclandre quand lhomme reuient de la guerre sans sa femme,ou la femme sans lhomme.

* Ou quand le filz retourne apres auoir perdu son pere dont il se faict que ceulx qui ont encouru tel reproche ,silz viennent entre les mains des Vtopiens ilz sont iugez a estre

à estre longuement auec tristesse & ennui à la guerre iusques a la mort, moyennant que les ennemis perseuerent a guerroier. Tout ainsi comme sur toutes fins ilz sont songneux d'euiter que ilz ne bataillent eulx mesmes, se ilz peuuent estre exemptz de si trouuer, & mettre à lieu quelques souldoyers, pareillement quand il ne se peult faire aultrement, qu'il ne faille qu'ilz ne soyent presentz au conflict: ilz l'entreprennent aussi hardiment, comme ilz ont prudentement refusé, autant qu'il leur à esté licite, & ne s'eschauffent poinct tant de la premiere impetuosité, qu'ilz s'en affoiblissent par traict du temps, ains persistent, & par continuation s'enforcent petit à petit, & ont le courage si ferme qu'on les tueroit plus tost que de leur faire tourner le dos.

Certes ceste asseurance de viures qu'vn chascun à en sa maison, & la nonchaloir de penser pour l'aduenir de leurs posteriteurs (qui est vn soulcy qui debilite en tous lieux les coeurs magnanimes les esleue, & ne se laissent pour ceste cause succomber.

D'aduantage le scauoir qu'ilz ont aux armes leur donne confiance. Finalement les bons propos, & droicturieres opinions par lesquelles ilz sont des leur ieunesse instruictz aux bonnes ordonnaces de leur republicque, leur adioustent vertu & prouesse: par laquelle ilz ne mesprisent pas tât leur vie, quilz la voiset exposer aux dangers follement, aussi ne la tiênent

nent ilz poinct ſi chere, que quãd honneſteté les induict a la mettre en peril,quilz la vueillent retenir auaritiuſement & honteuſement.

¶ Quand ilz ſont en la grand chaleur de conflict & au fort de l a guerre,vne bẽde des plus cheualeureux iouuenceaux qui ont coniure a la mort du capitaine aduerſaire,& qui ſont deliberez de viure ou mourir en ce deſtroict, vont par les rencz cherchant ledict capitaine l'inuadent en apert,ou l'aſſaillent par fineſſe & ruſe,& pres & loing ne demandẽt aultre. Finalement par ladicte compaignie qui eſt grande,& touſiours perſiſtente (quand aulcuns ſont laſſez on en met inceſſamment de frais a leur lieu) ledict chef eſt oppugne, ſi qu'il aduient bien à tard qu'il ne ſoit occis, ou qu'il ne vienne vif en la puiſſance de ſes ennemis,ſil ne ſe ſaulue à la fuite.

☞ Si la victoire eſt pour eulx, ilz n'y vont point par meurtre,ilz prennent plus voluntairement les fuiants a mercy,qu'ilz ne les tuent & ne les pourſuiuent iamais, que ce pendant ilz ne reuiennent vne compaignie de leur gẽſdarmerie en ordre & equipage chaſcũ ſoubz ſon enſeigne auſsi permettent plus toſt que tous leurs ennemis ſe retirẽt,qu'ilz ſ'accouſtument a ſuiuir leſdictz fuiantz(qui ſeroit pour troubler & mettre en deſordre leur exercite) ſilz n'ont la victoire de l'arrieregarde, poſé qu'ilz ayent mis en roupte l'auantgarde & la

bataille:

bataille: ayantz souuenance que maintesfoys leur est aduenu qu'apres que la plus grād part de tout leur exercice estoit rōpue & succōbée comme leurs ennemis se resiouissoient de la victoire, & poursuiuoient les fuiantz deca & dela: lors vn petit nōbre desdict Vtopiens qui auoit esté mis a part pour dōner secous si me stier estoit de leur gēsdarmerie, & pour enten dre aux aduētures & accidētz qui pourroient s'offrir, voyantz lesdictz ennemis vagantz, dis pars & respandus en mains endroictz, se te- nantz trop asseurez, soudain les vindrēt assail lir, & chāgerent la fortune de tout le conflict, si que lesdictz Vtopiens tirerent des mains de leurs ennemis la victoire, qui estoit ausdictz ennemis indubitable & certaine, finalement les vaincuz surmōterent les vaincqueurs leur foys, il n'est pas aisé de scauoir coniecturer si lesdictz Vtopiens sont plus caulx & subtilz à dresser ruses & finesses à leurs ennemis, qu'a euiter icelles tromperies, ilz font semblāt aul cunnesfoys de vouloir tourner le dos mais ilz pensent de l'opposite, & quand ilz se veu- lent retirer, leur ennemis estimeront du con- traire.

✱ Or s'ilz se sentent pressez de lieu, ou du trop grand nombre de leurs aduers, adonc vne belle nuict, sans faire bruict remuent leur camp, ou iouent de quelque aultre ru- se, & s'ilz se veulent retirer de iour petit à pe- tit reculent, en gardant si tresbon ordre que leurs ennemis ne sont moins en peril de les assaillir ainsi fuiantz, que s'ilz tenoient bõ, ilz munissent leur camp tresdiligemment de fossez larges & profonds, & iectent la terre de dans leurdict camp tout le long des fossez, & en cela ilz n'ont de manouuriers ou pionniers aultres que leurs souldartz, tous y besongnẽt fors ceulx qui sont en armes sur les rampartz faisantz le guet, de craicte des escarmouches & soubdains alarmes, doncques à raison que tant de gẽdarmes s'efforcent de fortifier leur dict cãp, plus legieremẽt quon ne scaroit croire ilz dressent de grãdes munitiõs, q circuissẽt & contiennent grande espace de lieu, pour recepuoir & soustenir les coups, ilz sõt armez d'armures fortes & puissantes, qui ne sõt pesãtes, n'y empeschantes a se mouuoir & voltiger, si qu'en nageant mesmes ne les griefuẽt.

Les sortes des armures dequoy vsent les Vtopiens.

En leurs exercices & apprentissages du faict de la guerre, ilz s'accoustument a nager tous armez. Les bastons dequoy ilz bataillent de loing, sont flesches & saiettes, lesquelles ilz tirent puissamment, & fort droict, non seulemẽt à pied, ains aussi a cheual, pour guerroier de pres, ilz n'usent d'espées, mais d'une sorte de haches qui sont aguées & pesantes, & n'en frappent d'estoc ou de taille qu'ilz ne tuent.

Ilz inuentent industrieusement aulcunes machines bellicques & artilleries, & quãd elles sont faictes ilz les celent songneusement de craincte que leurs ennemis n'en ayent la

vente

vent, car c'elles estoient manifestées deuant
qu'on vint à la guerre, la chose leur pourroit
plus tost tourner a mocquerie, qu'a leur prof_
fit, En les forgeant sur toutes choses ilz pren_
nent garde qu'elles soient faciles a mener &
à ramener.

☞ Ilz gardent tant entierement & inuiolablement les trefues données auec leurs enne
mis, qne si sur ses entrefaictes ilz sont prouoc
qué a guerre, ilz ne les veulent rompre.

Còme ilz
gardent
les trefues

☞ Ilz ne pillent ne ne gastent les terres de
leursdictz ennemis.

☞ Ilz ne bruslent pareillement les grains
mais qui plus est autant qu'il leur est possible
ilz mettent ordre que lesdictz grains ne soyẽt
foulez & marchez des piedz des hommes &
des cheuaulx, pẽsantz que la chose croist pour
leur vsage.

✷ Ilz n'offensent iamais ne ne blecent vng
homme desarmé, si ce n'est quelque espion,
les villes qui se rendent à eux, il les gardent
nosmes celles qu'ilz ont prinses par assault,
ne les saccagent, mais ilz font mourir ceulx
qui ont empesché la redditiõ d'icelles, & met
ent les aultres defenseurs à seruitude, ilz ne
touchent à ceulx qui ne se peuuent defendre,
ilz treuuent aulcuns qui ayent donné con_
seil de rendre lesdictes villes, ilz leur donnent
quelque portion des biens de ceulx qu'ilz ont
condamnez à mourir le reste ilz l'eslargissent
aux gendarmes qui sont venuz a leur secours.

Nul

Nul deulx n'amende du butin. Quand la guerre est finée, leur confederez pour qui ilz ont bataille ne portent pas les frais, mais les vaincuz, & leur font payer à ceste cause, vne partie en argent qu'ilz reseruent pour semblable affaire de guerre, l aultre partie en terres qui leur demeurent tousiours, & qui ne sont de petit reuenu.

Pour le iourd'huy les vaincqueurs portét la plus grand partie des frais.

Ilz ont maintenant en plusieurs nations telles sortes de rentes, lesquelles procedées petit à petit de diuers affaires se sont montées a plus de cinq centz mile ducatz tous les ans.

Et sur ces terres la ilz enuoyent quelqu'vnz d'entre eulx demourer, qui sont comme recepueurs, viuantz magnificquement, & se monstrent gros seigneurs en ces lieux.

Apres que lesdictz recepueurs sont eulx & leur train entretenuz dudict reuenu, il demeure encore gros deniers qu'ilz mettent en leur thesor publicque, si d'aduenture ilz ne les ayment mieulx prester & accroire au peuple de ce pays.

Ce que ilz font aulcunnesfoys, & les deliurent iusques a ce que ilz en ayent affaire, & encore a grand peine aduient il iamais que ilz redemandent le tout.

De ces terres la il en assignent vne portion à ceulx qui se mettent par leur enhortement au danger que ie ay declaré cy deuant.

¶ Si

¶ Si quelque roy, ou prince prend les armes, & si se appareille de inuader leur tenemeut soudain auec grosse puissance hors de leurs limites vont au deuant, souuent n'entreprennent de faire la guerre sur leurs terres, & ne leur aduient pas si grande necessité, que elle les contraigne de receppuoir en leur isle le secours de aulcunne nation estrangiere.

Du cultiuement

❧ Du cultiuement, maniere de adorer, religion & creance des Vtopiens.

LEVR RELIGION & maniere d'adorer n'est seulement differente par toute l'isle, ains par toutes les villes, les vnz adorent le soleil, les aultres la lune, & les aultres quelq̃ aultre estoille ou planette au lieu de dieu, aulcũs y a qui prisent & honorẽt & tiẽnent non seulement pour dieu, mais pour leur souuerain dieu quelque personnage, duquel la vertu la vertu & la gloire au temps passé à resplendi & esté en bruit, mais bien la plus grand partie, & la plus sage d'entre eulx ne croit rien de tout cela, mais pense qu'il est quelque seule deité a eulx incongneue, qui est eternelle, immense, inexplicable, & qu'humaine pensée ne peult comprendre, respandue par ce monde vniuersel, non en sa magnitude, mais en la vertu qu'ilz appellent pere.

Ilz confessent que toutes choses prennent de luy leur commencement, accroissance, moyen, continuation, changement, alternation & fin, & ne font les honneurs qui apartiēnent à dieu, à nul aultre. Et iacoit que tous les aultres ayent vne creance diuerse & differente, ce neantmoins conuiennent auec ceulx cy en ce poinct. C'estascauoir qu'ilz sont d'oppinion qu'il est vn souuerain seigneur, auquel on doibt attribuer louange, & la prouidence du monde & son vniuersité, & tous l'appellēt communéement en langaige du pais Mythra, mais ilz sont discordantz en ce, car ceux qui adorent le Soleil disent que ce est luy qui est dieu, Ceulx qui adorent la Lune en disent autant & ainsi consequemment des aultres.

Brief vn chascun de ces sectes differentes la croit, que quelque chose que ce soit, qu'il estime estre le souuerain, c'est ceste mesme nature, à la deité & maiesté vnicque de laquelle est totallement attribuée par le consentement & accord vnanime, la souuerainneté de toutes choſes. Or maintenant tous les Vtopiens ſe reueltent petit à petit de ceſte varieté des ſuperſtitions, & ſ'enforcent & conualident en ceſte religion ſeule, qui ſemble ſurmonter les aultres par raiſon.

☞ Et n'ya point de doubte que toutes telles ſuperſtitions ne fuſſent deſia euanouies & abolies ſi crainɛte n'euſt donné a entendre auſ dictz Vtopiens quand il aduient quelque infortune en prenant conſeil de changer leur religion, que ladicte infelicité ne vient pas de aduenture, mais procede du ciel, comme ſi dieu vouloit prendre la vengeãce d'eulx pour leur infidele entreprinſe de vouloit delaiſſer le cultiuement acouſtumé, que leurs maieurs auoient continué iuſques à leur temps.

☞ Apres que ilz ont ſceu de nous, & ouy parler de noſtre ſeigneur Ieſuchriſt, de ſa doctrine, de ſes meurs, & miracles, & auſſi de la merueilleuſe conſtance de tant de martirs dequoy nous faiſons mention, qui par leur ſang voluntairement reſpandu on traduict & attiré à leur ſecte ſi grand nombre de nations on ne ſcaroit croire comme ilz ſe ſont condeſcenduz & rengez à ladicte ſecte chreſtienne de grande affection, ce qui eſt aduenu poſſible par inſpiration de dieu ſecrette, ou pource qu'il leur a ſemble que noſtre dicte ſecte fuſt fort approchante de celle qui eſt chez eulx la meilleure.

☞ Et cela ya beaucoup aydé comme ie

croy,

croy,de ce qu'ilz auoient entendu que c'eſtoit le vouloir de Ieſuchriſt que ſes diſciples & apoſtres veſcquiſſent en commun, & que aux religions chreſtiennes & conuentz vrayement gardantz leur reigle telle couſtume duroit encore,en quelque ſorte que cela ſoit adueuu,pluſieurs d'entre eulx ſe ſont aliez en noſtre religion,& ſont baptizés.

Mais pource que de quatre compaignõs que nous eſtions nul n'eſtoit preſtre dont ie ſuis marri, nous ne leur pouions conferer les ſacrementz bien eſt il vray que nous auiõs les aultres ordres,de tout le nombre que nous eſtions il n'y auoit que nous quatre viuãtz,deux ſ'eſtoient laiſſé mourir

Certes leſdictz Vtopiens deſirent encor les ſacremẽtz que nul chez nous ſ'il n'eſt preſtre ne peut conferer, ilz les entendent,& les deſirent plus que nulle aultre choſe, meſmes ſoigneuſement diſputent entre eux, aſcauoir mon ſi ſans l'entremiſe d'vn eueſque chreſtiẽ quelqu'vn de leur nõbre eſleu pour eſtre preſtre,acquiert le charactere de preſtriſe,ilz ſembloit quilz en voulſiſſent eſlire, mais quand ie party ilz n'auoient encore eſleu, ilz ne menaſſent ne ne donnent aulcun terreur à ceulx qui ne veulent croire à Ieſuchriſt auſsi ne repugnẽt ilz point a ceulx qui ſont duictz & dreſſez à ſa loy.fors que i'en vey quelq̃ iour vn de noſtre alliãce q fut mis en priſon en ma preſence,or cõme ceſtui eſtoit nouuellemẽt baptizé

& comme oultre nostre conseil il tenoit propos plus par affection que par prudence publicquement du cultiuement de iususchrist, il commenca à se colerer & eschauffer en sorte qu'il ne preferoit seulement noz cerimonies & sacrifices à tous aultres,ains blasmoit vniuersellement les aultres,comme choses prophanes,& disoit que les cultiueurs & sacrificateurs estoient infideles & sacrileges, & qu'ilz seroient punis en enfer de feu eternel, Apres auoir long temps presché & publie telles choses ilz le prennent,l'accusent & condamnent non pas pour auoir contenne leur religion, mais pour ce qu'il auoit excité le peuple à tumulte,consequemment l'enuoyerent en exil. Certes entre leurs plus vieilles ordonnances ceste cy y est nombré & comprinse,c'estascauoir que leur religion ne derogue, & ne face tort à nulle aultre. Deuant que leur roy Vtopus vint en ceste isle, il congneut que le peuple estrange qui estoit venu demourer en ladicte isle assiduellement auoit esté en discord & different l'un auec l'aultre touchant la religion, & consideroit que iacoit ce que toutes les sectes de ladicte isle fussent vnanimes à batailler pour le pais.

Les hommes doibuent estre attirez a religiõ par louenge.

Ce neantmoins en commun estoient discordantz pour leur cultiuement, ce qui luy auoit donné occasion au commencement de les surmonter, gaigner, & vaincre totallement.

Or

¶ Or quant il eut la victoire sur ce peuple Vtopien, sa principale ordonnance fut, qu'un chacun print & ensuiuit telle religion que bõ luy sembleroit, & que chascunne secte se pouoit efforcer de transporter & induire les aultres â sa maniere d'adorer, moyennant que ce fust doulcement & modestement, allegant raisons peremptoires pour le soustien de son cultiuement, & non pas pour destruire les aultres par force & violence, si en leur donnant ce conseil elles n'en vouloient entendre, en prohibant d'y proceder par voye de faict, & aussi de soy abstenir de blasmes & contemnemētz. tellement que si aulcun trop arrogamment contendoit de ceste chose, on le baniroit, ou metroit on en seruitude, voila les statutz de leur prince Vtopus, non qu'il fit cela pour l'esgard seulement de la paix laquelle il voioit estre anichilée & aneantie par haine implacable, & perpetuelle contention ses subiectz auoient eusemble.

Mais pource que il pensoit que la chose concernoit la religion, d'ainsi faire ses constitutions, pource que il ne osoit diffinir rien solement de ladicte religion, comme incertain si Dieu appetoit estre adoré en diuerses sortes inspirant a l'vn vne chose, & à l'aultre, l'aultre.

Cestuy Vtopus establit aussi que ce seroit chose inepte & insolente de contraindre par force & menaces aulcun au cultiuement de

Dieu, & ce que l'vn croit eſtre vray, que a tous autant en deut ſembler,pareillement de croire que ſi vne religion eſt vraye, il ſoit de neceſſité que toutes les aultres ſoyent faulſes.

☞ Ledict roy Vtopus prenoit que finalement a l'aduenir la verité, de ſoy pourroit ſe manifeſter & apparoiſtre, moyennant que la choſe fuſt menée auecques raiſon & moderation.

✱ Mais ſi on y procedoit par armes & tumulte, les hommes en deuiendroient pires & plus obſtinez, & ſuffocqueroient la tresbonne & tresſaincte religion, pour leurs ſuperſtitions vaines que ilz auroient entre eulx ainſi que les bons grains periſſent entre les eſpines & ronciers: parquoy delaiſſa toute la choſe ainſi,ſans aultrement en determiner,& que il fuſt libre à vn chaſcun d'en croire ce que il en penſoit,ſinon que il prohiba & defendit entierement & inuiolablement, que nul ne fuſt ſi degenerant abaſtardi de la dignité de nature , humaine, qu'il creuſt que les ames moureuſſent quand & le corps,& que le monde ſe regiſt ſans la prouidence de Dieu pour ceſte cauſe les Vtopiens croyent qu'apres ceſte vie, ſupplices & peines ſont deputées aux vices, & remunerations , & eſtablies par icelles vertuz. Ceulx qui croyent l'oppoſite pour ce que tant depriment la ſublime & haultaine de nature de leur ame,la faiſant eſgale a la vilité du du corps beſtial, il ne les eſtimẽt dignes d'eſtre du nõbre de leurs citoyens, ne qui plus eſt, du reng des hommes. Certes ſi craincte n'empeſchoit ces manieres de gens la, ilz priſeroient autant les ſtatutz & forme de viure des aultres bons bourgeois qu'vn flocquet de laine, qui eſt ce qui doubte que telz perſonnages qui ſont ſubiectz & aſſeruis a leur deſir & appetit particulier, & qui n'ont hors les loix aulcunne craincte de riẽ, ne nul eſpoir apres que leur corps eſt mort, ne ſ'efforcaſſent ſi ce n'eſtoit ladicte craincte, de ſe mocquer & truffer ſecretement par cautelle, & enfraindre par violence, les publicques cõſtitutions du pais: pourtant nul honneur n'eſt communicqué de par les Vtopiens à ceulx qui ſont de ceſte fantaſie, nulle charge, ne nulle office publicque ne leur eſt baillée, ainſi ſont ilz vilipendez & delaiſſez ca & la, comme gens puſilanimes & nonchalantz. Quand au reſte on ne les punit aultrement, pource que les Vtopiens croient que nul n'a pouoir d'entendre tout ce qu'il vouldroit bien.

¶ Meſmes ne les contraignent par menaces de croire aultrement que ce qui leur vient en la fantaſie, ne de diſsimuler leur courage, ilz veulent qu'vn chaſcun exprime ce qu'il penſe en ſon entendement ſans faintiſe de menterie car vous ne ſcariez croire comme ilz hayent gens diſſimulateurs & ypocrites, pour ce que ce ſont vrais trompeurs.

¶ Toutesfoys i'z defendent que telles sortes d'hommes ayantz telles folles opinions ne ayent a en disputer, principalement deuant le peuple, mais deuant les prestres & personnages d authorité à part, ilz ne leur est permis seulement. Ains les admonnestent de ce faire, soubz esperance que pour l'aduenir leur follie se tournera a raison & luy donnera lieu. Il y en a d'aultres qui ne sont pas petit nombre, & qui ne pẽsent malfaire, auxquelz on ne defend (comme se ilz estoient fondez en quel que raison) de parler & disputer, de ce qui procede de leur entendement, & telz personnages soustiennent vne erreur toute contraire aux aultres.

¶ Ilz sont d'oppinion que les bestes brutes ayent ames immortelles & eternelles, mais elles ne sont a comparer aux nostres en dignité, & si ne sont nées pour auoir felicité & beatitude egalle aux nostres.

☞ Tous les Vtopiens tiennent pour tout certain, que la beatitude des hommes doibt estre pour l'aduenir si grande, que quand il se eschiet que l'vn d'entre eulx vient a estre malade.

☞ Ilz pleurent & lamentent la malladie, mais de la mort ilz ne s'en marrissent aulcunnement, sinon de ceulx que ilz voyẽt mourir a grandz regretz, & de ceulx la il en ont vn tres mauluais presaige, & y prennent aussi mauuais signe en iugeant eulx mesmes que

les

les ames de telz personnaiges mourantz en vis, sont comme deselperes, se mõstrantz coulpables, craignantz le depart, & deuinantz secretement quelles seront punis pour leurs delictz.

❡ Dauautaige lesdictz Vtopiens pensent que l'arriuée de celuz qui est mandé, poussé maugre luy & à force, n est agreable à dieu.

☞ Doncques ceulx qu'on voit mourir de tel genre de mort, on en a horreur, & sont portez le corps des deffunctz auec tristesse & silence, puis apres auoir prie dieu qu'ilz luy plaise estre fauorable aux pauures ames, & qu'il vueille doulcemẽt supporter les imperfectiõs des trespasses, ilz mettent le corps en terre.

❡ Au contraire tous ceulx qui meurent voluntairement, & plãins de bon espoir, telz personnaiges ne sont pleurez de personne, mais en chantant on suit les corps, & par grande affection on recommande les ames à dieu, fina-nalement ilz bruslent lesdictz corps plus reuerammment que dolentement, & au lieu ilz erigent vne coulonne ou sont grauées les louenges des deffunctz.

* Quand ilz sont retournez à la maison ilz tiẽnent propos des actes & bonne conuersation desdictz defunctz lesquelz n ont rien faict en leur vie de louable dequoy ilz facent plus destime: que de leur mort ioyeuse.

* Ilz croyent que telle recordation de bonté est efficace incitation aux viuantz & indictiõ

a vertu,

a vertu,& aussi que tel honneur est tresagreable aux trespassez, lesquelz comme ilz pensent assistent aux propos qui se tiennent deulx combien qu'on ne les voie point,pour ce que les yeulx des hommes ne sont assez subtilz & aguz pour les contempler.

☞ Lesdictz Vtopiens estiment telles choses estre certaines,alleguent pour raison quil seroit mal seãt á lestat des biẽheurez destre priuez de la liberté d'aller & venir ou il leur plairoit,& aussi quilz seroient ingratz dauoir totolement delaisse le desir daller veoire leurs amis,aux quelz amour mutuel & charite les alliez quand ilz viuoient,la quelle charité debueroit ainsi qu'ilz coniecturent estre plus tost augmentée que diminuée apres la mort en telz vertueux personnaiges , comme tous aultres biens se sont multipliez enuers iceulx apres leur deces.

* Doncques les Vtopiens croient que les trespassez conuersent auec les viuantz , & qu'ilz sont contemplateurs de leurs faictz & dictz.

☞ Pourtantz entreprennent ilz plus hardiment leurs affaires comme si lesdictz trespassez estòient leurs coadiuteurs.

☞ Dauantaige silz auoient proposé de faire secretement quelque cas qui ne fust honneste la presence de leurs maieurs defunctz , quilz pensent tousiours estre auecques eulx les en garde,&leur donne terreur de cõmetre ledict

affaire

affaire. Ilz cõtẽnent & fe mocquẽt des deniers & de telles manieres de gens qui f'adonnẽt à vaine fuperftitiõ,aux quelz les aultres natiõs ont grandement efgardLes Vtopiens ont en grande reuerence les miracles qui prouiennent fans vne atteftation des œuures de dieu ainfi que fouuent ilz difent aduenir en ce pais.

☞ Et fingulierement en chofes haultaines & doubteufes lefdictz Vtopiens font proceffions publicques, & font foigneux de prier dieu, parquoy impetrent communement leurs demandes, & la voit on maintz miracles.

☞ Ilz penfent que ce foit vn cultiuement agreable a dieu,de contempler les œuures de nature,& donner louenge a louurier qui les a faictes,toutefois il y en a aulcunz entre lefdictz Vtopiens,& non pas petit nombre lefquelz efmeuz de deuotion, contemnent les lettres,ne f'adonnantz a aulcune fcience,& ne font oififz toutefois,lefquelz tiennent qu'on acquiert & merite lon la future beatitude apres la mort par negotiations, trauaulx corporelz,& en faifant plaifir a aultruy par fon labeur.

*Pourtant les vn faplicquent totalement a feruir les mallades, les aultres font les chemins, curer les foffez, radoubent les pontz, fouiffent des mottes de terre,du fablon ou tirent de la pierre.

*Abbatent

* Abbatent & demoliſſent des arbres,& les deuiſent. Ily menent en charrettes du bois, des grains, auſſi aultres choſes aux villes, & ne ſe monſtrent ſeulement ſeruiteurs d'vn-chaſcun en publicq , ains auſſi en particulier plus que ſeruiteurs.

* En tous lieux ou il ya quelque ouuraige laborieux,difficile,ou qu'il ne ſoit guerre honneſte,que pluſieurs craignent aſſaillir ou entreprendre pour le trauail qui y giſt, ou pour ce quilz ſont faſchez de metre les mains pour la vilité de la beſongne,ou pour autant quilz ne penſent en pouoir venir à bout les ſuſdictz en prennent toute la charge ioyeuſement & voluntairement, procurantz que tous ceulx qui ne ſont de leur ſecte viuent en requoy & repos,par leur perpetuel trauail,ou vacquent ſans ceſſe

* Et pour ceſt affaire ne blaſment la vie des aultres en extollant la leur.

* D'autant plus que ceulx cy ſe monſtrent ſeruiteurs,d'autant plus ſont honorez de tous les aultres Vtopiens.

* Ilz ſont deux ſectes de telz perſonnaiges charitables,l'vne qui ne ſe marie iamais , & qui totalement eſt chaſte.

* Et ne menge de chair,aulcunz d'entre eulx auſſi miſent de viandes de nulles beſtes,& contemnent totalement les deductz & paſſetemps mondains,comme ſi ce fuſt choſe inuiſible à la vie preſente.

ilz

*Ilz tendent seulement & taschent a paruenir ala vie future,par veilles,sueurs,& peines, & ce pendant sont ioieux,dispos & deliberez, soubz espoir d'obtenir en briefz iours,ce quilz desirent.

*L aultre secte,qui n'est pas moins labourieuse se marie & ne met a mespris les œuures & soulas de mariage,pensantz estre obligez à nature,& que leur lignée doibt estre vouée & donnée à lutilite & seruice du pais.

*Ceulx cy ne refusent aulcun plaisir pourveu quilz ne les retarde de la besongne & trauail ilz aymét les chairs des bestes à quatre piedz à ceste cause qu'il leur semble que par ceste viande ilz en soient plus forts & robustes à toute besongne.

*Les Vtopiens estiment que ceulx cy sont les plus prudentz, & les aultres plus sainctz & religieux,lesquelz silz se fondoient en raison de ce quilz preferent chastete & contience à mariage,& la vie austere à la vie ioyeuse & doulce.

*Les Vtopiens sen mocqueroient,mais pour ce quilz disent quilz le font par deuotion, ilz les louent & ont en grande reuerence. Ilz se gardent soigneusement de parler indiscretement d'aulcune religion.

*Les Vtopiens en leur langue nomment telles sortes de gens deuotz Buthresques, que nous pouons interpreter en francoys Religieux

*Ilz

✱ Ilz ont pareillement des prestres dexecellẽte saincteté, & n'en ont gueres, si qu'en chacune ville ny en a poinct pl⁹ de treze, & autãt deglises. Et quãd on va a lagurre on en mene sept de chacune ville auec la gendarmerie, & ce pendant on en met sept aultres a leur lieu.

✱ Et quand ceulx qui ont esté a la guerre sont reuenuz on les remet chacun en sa place.

✱ Ceulx qui estoient substituz on les establit auec leuesques, iusques a ce quil y en ayt sept decedez, puis leur succedent par ordre.

✱ De ces treize prestres que iay dict il y en a vn qui est superieur comme nous disons vn euesque. Lesdictz prestres, seslisent par le peuple, en chambre secretemẽt en la maniere des aultres officiers, pour euiter les faueurs, & quand ilz sont esleuz leur communite ou colleige les consacre.

✱ Ilz ont la charge des choses diuines. font soigneux de faire garder la religion chacun endroict soy, & aussy de corriger & reformer les meurs.

✱ Les Vtopiens estiment chose bien honteuse quand quelquvn est faict venir par deuant lesdictz prestres, pensantz que ledict personnaige est peu homme de bien & mal viuant.

✱ Ainsi comme c'est l office des prestres d'admonnester & adhorter le peuple, aussi est cela charge du prince & des aultres officiers demprisonner & punir les malfaicteurs.

✱ Dauantaige les prestres ont ceste puissance

dinterdire

d'interdire dentrer a l'egliſe & ſe trouuer aux ſecrifice, principalement ceulx quilz treuuent obſtinez & endurciz a tout mal, & n'ya peine de quoy les Vtopiẽs ayent plusgrãde horreur. Quand aulcunz ſont en ceſt eſtat, ilz ſont en la plus grande infamie quilz ſeroient eſtre, & leur conſcience eſt merueilleuſement agitée, comme penſantz eſtre damnez, meſmes leur corps n'eſt gueres aſſeure, car ſilz, ne viennẽt ſoudain par deuers les preſtres pour receuoir penitence, la court les faict prendre, & les puniſt de leur infidelite.

*Les preſtres ont le ſoing dinſtruire & endoctriner les enfantz & aultres ieunes gens, & leur monſtrent premierement a bien viure, que de les enſeigner aux lettres. Ilz ſont grandement ſoigneux de dreſſer les eſpritz des ieunes enfantz cependant quilz ſont tendres & faciles, & les induire a bons iugement, & droictes opinions, vtiles & fructueuſes a la conſeruation de leur republicq. Car quand telles opinions ont prins leur ſiege au cerueau deſdictz ieunes enfantz, croyez que quand ſont paruenuz en aage dhomme les retiennẽt, & meſme tant quilz viuent. Dauantaige leſdictz bons iugementz apportent geand emolument a garder leſtat du bien commun, qui facilement dechiet & ſaneantiſt par vices qui procedent de peruerſes opinions.

* Les preſtres ſont mariez aux plus apparentes femmes & excellentes de tout le

peuple

Femmes esllues a la dignite de pbrestrise.

peuple,si icelles d'aduenture n'estoient en le-stat de pbresstrise.

*Certes ce sexe la n'est point exclus & exépte de ceste dignite,mais on n'en eslist guierres.

*Encores fault il que ce soient femmes, veufues,& quelles soient desia aagées.

*On ne parte hõneur a officier nul plus grãd qua vn pbrestre,en sorte que si les pbrestres auoient commis quelque crime,nulle court nen a la cognoissance

Excommunicatiõ des Vtopiens

*On en laisse faire a dieu &a ceulx ilz estimẽt nestre licite de toucher de main mortelle vn pbrestre quelque criminel quil soit sur peine dexcommunication,consideré quil est dedié a dieu par maniere si excellente & singueliere.

*Et coustume leur est dautant plus aysée à obseruer,pour ce quil ont en ce pais tant peu de pbrestres:& daduantaige les eslisent auec grand soing & diligence.

*Certes souuent il naduient pas quvn pbrestre qui est entre les bons chcoisi pour le meilleur,& qui pour sa seule vertu est sublime & esleué a si grande dignité,se tourne à vice,& quil se desine enbonnes moeurs,pour suiuir la voye de delict.

*Et sil aduenoit ainsi, comme la nature des hommes est muable,encore ne debueroit on craindre quilz sceussent faire guieres de dõmaige à la republicque,pour ce quilz sont si petit nõbre,& puis ilz nót aulcune puissance fors

fors l'honneur qu'on leur faict. Et la raifon pourquoy les Vtopiens ont fi peu de preftres, c'eft que fi la dignite facerdotalle à la quelle ilz ont fi grande reuerence, eftoit communicquée & diftribuée à plufieurs, on n'en tiendroit pas fi grand compte.

Auffi ilz penfent quil eft bien difficile d en trouuer beaucoup de fi vertueux, quilz peuffent eftre idoines & capables d'obtenir cefte dignité, a la quelleexercer il ne fuffift pas eftre moiennent garny de vertuz.

*Lefdictz preftres ne font pas en moindre re chez les eftrangiers, qu'en leur pais & dont procede cela il eft apparẽt que c'eft pour leurs vertuz.

*Quand les Vtopiens ordonnent leurs bendes pour guerroier, les preftres fe mettent à part non pas gueres loing du Conflict, tous à genoux, reueftuz de leurs ornementz, facrez, & les mains tendues au ciel, deuãt toutes chofes priẽt a dieu quil luy plaife enuoyer la paix, puis demandent victore pour leurs gens, mais qu'icelles victoire ne fe face par l'effufion du fang ne de l'vn, ne de lautre party. Quãd leur cheualerie obtient la victoire, ilz courent au cõflict, & la gardẽt dexercer cruaulté & meurtres enuers les vaincuz. Ceulx qui font en danger de mort, filz peuent vne fois veoir lefdictz preftres & les nõmer, ilz font fauluez. L'atouchemẽt de leurs larges & plantureufes robes preferuẽt tous aultres biẽs & richeffes de tout oultraige de guerre,de quoy toutes natiōs les ont a si grande estimation & honneur,que biē souuent ont esté cause non seulement de preseruer leurs exercites de fureur des ennemyz, ains aussi les ennemis du danger de leurs oltz. Il est tout manifeste que quelque fois on àveu leurs soudartz mis en roupte,hors de tout espoir, tournant le dos pour fuir, les ennemys encharnez sus eulx, pour les piller & occir, Mais pour la venue desdictz prestres qui se mettoient entre les deux gēdarmeries,la boucherie cessoit,la meslée se rompoit & la paix se faisoit.

* Certes il ne fust iamais peuple si cruel,inhumain & Barbare,enuers lequel.Le corps desdictz prestres ne fust tenu,comme sainct,sacré & inuiolable.Touchant leurs festes,ilz solemnisēt le premier & dernier iour de chacū mois aussi de chacū an,lequel ilz parlēt & deuisent par mois finissentz par le circuit de chacune lvne,comme lan finit quand le soleil à faict sō cours, le long dudict an tous les premiers iours,desdictes festes ilz les nomment en leur langue Cynemernes, & les derniers Trapemerues,qui valent autant comme premieres festes & dernieres festes.

Comme sont leurs eglises.

¶ Les eglises en ce lieu sont fort belles,ou il ya bien de louuraige, amples & spatieuses & contenantes grand nombre de peuple, ce qui estoit necessaire de faire,pour quen Vtopie il ya peu de temples,toutefois sont vn petit obscurs,non pas que la chose ayt esté faicte par ignorance ignorãce & faulte dedifier,mais ilz diſent que ce fuſt par le conſeil des preſtres eſtantz dopinion que la trop grande clairté faiſoit vaguer les penſees & reſpandre ca & la, mais la moienne lueur les reſerroit & augmentoit la deuotion.

* Et pour ce que tous nont vn meſme cultiuement & vne meſme religion,comme ſay dict deuant ce neanmoins toutes les formes & manieres de ladicte religiõ,iacoit ce quelles ſoiẽt diuerſes & differantes communement, comme en vne fin quand au cultiuement & adoration de diuine nature ,ceſtadire que combien que les Vtopiẽs ſoiẽt differẽt en leur maniere dadorer,car les vnz adorẽt le ſoleil,les aultres la lvne& choſes ſemblables,nõobſtant pẽſent que ce quilz adorent,eſt dieu,& eſt leur intention,en ce faiſant de faire honneur a leternel & ſouuerain qui a crée toutes choſes,mais ne ſcaiuent qui il eſt.

* On ne voit rien, & noyt on dedans leſdictes egliſes,qui ne ſoit veu quadrer & eſtre cõforme a toutes leurs manieres dadorer dieu, en commun.

* Si quelque ſecte a vn ſacrifice à faire en particulier,on le faict chacun en ſa maiſon

* Les ſacrifices publicques ſe font en tel ordre & police,quilz ne deroguent aulcunemẽt aux ſacrifices particuliers.

* En leurs temples on ni veoit imaige nul

nul,affin qu'vn chacun ſoit libre & franc de concepuoir en ſon entendement leffigie de dieu telle quil luy plaira Ilz ninuocquẽt point de non de dieu aultre que Mythra, tous lappellent ainſi en commun. Par ce mot la tous vnaniment concordent & conuiennent à cognoiſtre vne nature de diuine maieſte quicon que elle ſoit. Ilz naprehendent & concoipuẽt en leur entendemẽt aulcunes prierres,quil ne ſoit loiſible à vn chacun de les prononcer ſans offencer leur ſecte.Doncques ſe treuuent ilz au temple aux iours quilz appellent derniers feſtes,a heure de ſoir encore a ieun,pour rendre graces a dieu de lan & moys eureuſement paſſé,du quel ceſte feſte eſt le dernier iour.Le iour dapres,quilz appellent premiere feſte ilz ſaſſemblent au matin es egliſes priantz dieu que lan,ou mois enſuiuantz ou ilz commencent ceſte feſte,leur ſoit proſpere.

Aux derniers feſtes,ancois que les femmes ailent au temple, ſe iectent aux pied de leurs mariz , & les enfantz deuant leurs peres & meres á genoux, confeſſantz auoir failly & nauoix pas bien faict leur debuoir enuers eulx.

Ainſi demandent ilz pardon de loffenſe, ſi que ſi daduenture ilz auoient eu quelque haine ou diſcord enſemble,ilz la departent en ce poinct,affin que dvn cœur pur,ſerain &net ilz aſſiſtent aux ſacrifices.

Ce neſt pas tour dhomme de bien, de ſe trouuer

trouuer le iour de la fefte à leglife, & auoir quelque trouble & inimitié contre fon prochain, pourtant les Vtopiens ne fingerent iamais de fe prefenter à leglife le iour defdictes feftes filz fentent auoir le cœur gros dire ou rãcune a lencontre de quelcun, que premierement ne foient reconciliez, & que leur couraige ne font purgé & nettoie, craignantz que dieu ne les puniffent griefuement pour leurs delictz.

☞ Quand ilz viennent a leglife, les hõmes fe mettent au cofté dextre, & les femmes a part a feneftre, & feftabliffent, en forte que tous les enfantz mafles de chacune maifon font deuant le pere de famille, les filles deuãt la mere.

☞ Ainfi met on odre & arroy, affin que ceulx qui ont la charge dinftruire & endoctriner leidictz enfantz en leurs maifons, pareillemẽt quand font dehors ayent efgard à leurs geftes contenances & maniere de leglife.

* Samblablement lefdictz Vtopiens font foigneux en ces lieux facrez de mefler & ioingdre vn ieune enfant auec vn plus aagé, de craincte que fi on donnoit charge d'vn enfant à vn aultre d aage efgal, ilz n'abuzaffent l'vn l'autre & paffaffent le temps a folies pueriles, lors quilz deueroient feruir à dieu, eftre en deuotion, & concepuoir vn efmouuement & inflammation aux vertuz.

* Les Vtopiens en leurs facrifices ne tuent ia

mais beſte,pour ce quilz penſent que la diuine clemence ne ſi reſiouit de ſang,boucheries
& occiſions,laquelle à eſlargi la vie à ceſte
raiſon aux beſtes,affin quelles veſcuſſent,&
non quelles fuſſent tuées.

❡ Ilz font ſacrifice à dieu d'encens & aultres
odeurs, Dauantaige portent force de cier-
ges & chandelles, non pourtant quilz ne ſachent bien que cela n'apporté profiſt à dieu,
non plus que les prieres des hommes,mais ilz
ſont d'opponion que ceſte forme de l'adorrer
auec telles odeurs & lumieres, qui ne ſont
nuiſables à rien, luy plaiſt,auſſi que par telles cerimonies les hommes ſe ſentent aulcunement eſleuez en deuotion, & plus ioyeux
& deliberez au cultiuement de luy.

☞Quand le peuple va le iour de feſte à l'e-
gliſe,il s'acouſtre tout de blanc.

❡Les preſtres ſe veſtent d'ornementz de diuerſes couleurs, qui ſont faictz de ſorte &
ouuraige merueilleux,d'vne matiere non pas
beaucoup pretieuſe, ilz ne ſont tiſſuz de fil
d'or, ny entrelaſſez de pierres pretieuſes.

* Mais de diuerſes plumes d'oiſeaux tant ioliment & auec ſi grand artifice aornent, que
la valeur & eſtimation de mille matiere, fuſt
elle d'or,ou d'argent ou de ſoye,n'eſt à equi-
parer audict ouurage.

* D'auantaige en ces pennes & plumes d'oiſeaux,& en certain ordre & rene d'icelles dõt
les

les acouſtrementz des preſtres ſont meſpar-tiz & deuiſez, les Vtopiens diſent que quelques ſecretz miſteres y ſont comprins, deſquelz quand ilz cognoiſſent l'interpretation, qui leur eſt declarée par les preſtres, ſont admonneſtez & acertenez des biens que dieu leur a faictz, & comme ilz doibuent aymer, honorer & reuerer de leur coſté, & faire plaiſir les vnz aux aultres. Auſſi toſt que le preſtre part de la ſecretainerie, & qu'il ſ'offre ainſi reueſtu deſdictz ornementz, tout le peuple ſoudain ſe iecte contre terre par reuerence, en ſi profunde & belle ſilence de tous coſtez, que telle apparence & maniere de faire dõne quelque terreur & crainčte, quaſi comme ſi aulcune deité y fuſt preſente.

☞ Or quand ilz ont quelque peu demoure contre terre, le preſtre leur donne ſigne, lors ſe lieuent, & chantent, quelques cãticques en lhonneur de dieu, quilz entremeſlent dinſtrumentz muſicaulx, bien daultre ſorte que nous ne voions faire en noz regions. Ainſi cõme en leur muſicq̃ ilz vſent de pluſieurs chãtz quien doulceur ſurpaſſent de beaucoup noſtre vſaige, auſſi ſaident ilz de pluſieurs facons, qui ne doibuent eſtre comparées aux noſtres.

* Mais ſans doubte ilz nous ſurmontent grandement dvne choſe: ceſt que toute leur muſicque qui ſe chante par orgues ou aultres inſtrumẽtz, ou par voix humaine, imitte & exprime tant bien les paſſions naturelles, le ſon eſt tant proprement accommodé à la matiere,

ſoit l'oraiſon deprecatiue,ioyeuſe,mitigatiue, ou contenant quelque trouble,dueuil & cour roux ,la ſorte & forme de leur melodie donne tant bien a entendre la choſe de quoy ilz chantent quelle eſmeut merueilleuſement pe netre & enflamme les cœurs des auditeurs.

❧ A la fin le preſtre & le peuple fout ſolemnelles pierres,ſi bien ordonnées , que ce que tous enſemble recitent , vn chacun deulx le pourroit referer a ſoy en particulier.

en ces oraiſons la vn chacun recognoiſt dieu comme autheur de la creation & gouuernement du monde, & conſequenment de tous aultres biens.

✱Auſſi luy rend graces des bien faictz receuz & ſpecialement que par la faueur diceluycrea teur eſt eſcheu en vne republicque tant eureuſe & fortunée,pereillement quil eſt paruenu en vne religiõ quil eſpere eſtre treſueritable.

❧En quoy ſil erre, & ſil y en a q̃lques aultres meilleures & que dieu approuue plus , il prie que ſa bõté face,quil en ayt la cognoiſſance& quil eſt preſt &appareillé de ſuiuir le chacũ de quelque coſtéq̃ ce ſoit,ou il ſe plaict acõduire & diriger. Mais ſi ceſte forme& maniere de re publicq̃ quil tiẽt eſt bõne,& ſa religiõ,droicte quil luy donne grace de perſeuerer en icelles & eſtre conſtant,& pareillement quil veuille guider les autres mortelz tous,a ces meſmes conſtitutions , meurs , loix , couſtumes:

&en

& en ceſte meſme opinion & iugement d'ainſi adorer ſi ce n'eſt ſon plaiſir qu'on le reuere & honore en diuerſes ſortes.

Finalement il prie que quàd il ſera mort, à la departie dieu le veuille recepuoir ſans l'eſconduire,& que de l'inuiter le temps toſt ou tard,il n'eſt aſſez hardi d'en faire requeſte. Iacoit ce que moyennant que ſa maieſte fut offenſée,il y ſeroit bien plus agreable de paruenir par mort laborieuſe & penible en ſon paradis,que d'eſtre detenu plus longuement en ceſte vie mortelle , combien que le cours en fut tresheureux & proſpere.

Ces oraiſons la miſes à fin,de rechief les Vtopiens ſ'enclinent contre terre, & toſt apres ſe ſourdent & ſ'en vont diſner puis apres diſner le demeurant du iour ſe parfaict en ieux & exercices de guerre.

Ie vous ay deſcript le plus veritablemẽt que i'ay peu la ſorte & maniere de celle republicque des vtopiens,laquelle i'eſtime & croy n'eſtre ſeulement treſbonne , mais ſeule qui doibue de droict ſ'attribuer le nom de republicque chez toutes les aultres nations , on parle aſſez de l'utilité publicqne, mais ce pendant on ne penſe que de ſon bien en particulier.

En vtopie ou il n'y a rien particulier, totallement le peuple eſt attentif aux negoces publicques, qui eſt vn bien à vn chaſcun en commun & en priué,aux aultres regions, qui

eſt

est celui qui ne cognoisse, que si vn personnage ne pense de soy particulierement, il pourra moutir de faim, & fust la republicque la plus opulente & fleurissante du monde, parquoy necessité le contrainct d'auoir plus tost esgard de soy, que d'aultruy.

Au contraire en Vtopie, ou toutes choses sont communes à tous, nul ne doubte, que necessité aduienne a quelqu'vn en particulier, (moyennant qu'on face son debuoir, que les guarniers publicques soient remplis de ce qui apartient a la vie) les biens se portēt en ce lieu bien equitablement & iustement, & s'il ne y a poinct en Vtopie de pauures ne de mendians.

Et comme ainsi soit que nul personnage ne possede rien, toutesfoys tous sont riches.

Est il plus grande richesse, que tout soul ci totallement mis hors & seclus, viure ioyeusement & paisiblement? n'estre en esmoy & craincte de son boire & menger n'estre vexé & tormenté des demandes plainctiues de sa femme, ne craindre pour l'aduenir que paureté eschiesse à ses enfantz, n'estre en detresse & anxieté du douaire de ses filles, & ne penser d'acquerir des biens pour les marier, mais estre asseuré de felicité & viures, pour soy, pour tous ses parentz & amis, sa femme, enfantz, filz de ses enfantz, & vne longue genealogie dequoy les gentilz hommes font tant de cas.

C'est

C'eſt grand' choſe qu'on ne pẽſe pas moins de ceulx qui maintenant ſont foibles & impotentz, leſquelz ont le temps paiſé trauaille & laboure, que de ceulx qui à ceſte heure beſongnent.

I'aymeroys bien que quelqu'vn ſe oſa enhardir de comparer la iuſtice que font les aultres nations à l'equité des Vtopiens, chez leſquelles ie puiſſe mourir ſi i'ay trouué aulcunne trace ne apparence de vray legitime droict.

Mais quelle iuſtice eſt ce, qu'on veoit quelque gentilhomme, quelque orfebure, ou quelque vſurier, ou aultres qui totallement ne font rien, ou ce qu'ilz font eſt de ceſte ſorte, qu'il n'eſt pas grandement neceſſaire à l'vtilite de la republicque, mener ſi grande vogue, & viure ſi magnificquement d'oyſiueté, ou d'vne negotiation ſuperflue & vaine, veu que ce pendant vn pauure ſeruiteur, vn charretier, vn mareſchal, vn maſſon, vn charpentier, vn manouurier & vn laboureur ont leur vie ſi pauuremẽt, & ſont toutz ſi mal traictez (cõbien qu'ilz ſoyent en trauaille ſi grand & aſſidu) qu'vn cheual ſeroit bien laiſé d'en ſouſtenir autant, & eſt leur labeur ſi neceſſaire qu'vne republicque ne pourroit durer vn an ſans eulx.

Parquoy me ſembleroit que les cheuaulx auroient meilleur temps que n'ont pas telles manieres de pauures ouuriers, pour ce qu'ilz qu'ilz n'ont pas peine ſi continue,& leur viure n'eſt gueres moins bon, & mengent de meilleur appetit.

D'aduantage ne ſont en ſoulci pour l'aduenir dequoy ilz viuront.

Labeur ſterile & peine infructueuſe tormente & poingt leſdictes pauures perſonnes a l'heure, & la recordation & ſouuenance de leur pauureté aduenir enuielleſſe les tue,pour ce que leurs gagnes iournelles ſont ſi petites, qu'a grand peine en viuent ilz pour le iour, parquoy ne peut rien demeurer de ſuperabõdant pour ſubuenir à leur vielleſſe.

Ceſte republicque la n'eſt elle pas bien iniuſte & ingrate d'octroyer tant de dons & biens par prodigalité,à gens qui ſe diſent nobles,a orfebures, & aulx aultres de ceſte sorte,ou à perſonnages oiſifz,ou à flateurs,& ouuriers de vaines voluptez, & au contraire ne tenir compte, & pauurement traicter laboureurs,charbonniers, ſeruiteurs, charretiers, charpentiers,mareſchaulx & aultres de ſemblable eſtat? Et apres que ladicte republicque à abuſé des trauaulx & labeurs d'iceulx ce pẽdant qu'ilz eſtoient en fleur d'aage.

* Quand ſont deuenuz vieulx & maladifz,ſe monſtrant ingratiſſime les recompẽſé de pauureté, en les laiſſant mourir miſerablement de faim,metãt en oubli tant de vieilles ſueurs peines,& tant de plaiſirs qu'ilz luy on faict en temps,qu'eſt ce a dite que les riches de iour

en

en iour contreroulent le ſalaire qu'vn pauure ouurier peut gaigner pour ſa iournée, le retrẽchent, & y practiquent, non ſeulemẽt par fraude particuliere, mais par loix & ordonnances publicques, en ſorte que ce qui ſembloit le temps paſſe iniuſte de recompenſer mal ceulx qui faiſoient tout plein de plaiſirs à la republicque, les ſuſdictz riches hommes, ont tourné le fueillet, gaſte & depraue leſdictes bõnes opinions, & ont volu tenir que telle iniuſtice eſtoit iuſtice, & en ont promulgué ordonnances & ſtatutz.

¶ Parquoy quand ie penſe à toutes ces republicques, qu'on dit pour le iourdhui eſtre en maintz lieux fleuriſſantes & opulentes, rien ne me ſemble aultre choſe (ou ainſi dieu ne puiſſe aymer) qu'vne aliance & vnanimité de riches gens, qui ſoubz couleur d'eſtre aſſemblez pour regir le bien publicq̃, penſent ſeulement de leur proffit priué, excogitent, & inuẽtent toutes les manieres & fineſſes comme ilz pourroient garder & retenir les biẽs quiilz ont amaſſez par faulx artz, ſans craincte de les perdre, & qu'ilz en acquierent d'aultres qui ne leur couſtent gueres par le labeur & trauail de tous les pauures, & qu'ilz abuſent deſdictz pauures, depuis que ceſte tourbe de riches ont eſtably que telles tromperies & deceptions ſoyent obſeruées au nom de republicque, & meſmes au nom des pauures qu ſont comprins en ceſte dicte republicque, leſdictes

dictes inuentions paſſent & ſont reputées cõme loix & les biens qui euſſent peu ſuffire à nouurir & entretenir eulx & les pouures enſemble, ce gros hurons, ou n'y giſt gueres de bonté, les ont partis entre eulx par vne conuoitiſe & auarice inſatiable, ô combien telles manieres de gens ſonr eſlongnez de la republicque heureuſe des Vtopiens, de laquelle eſt retrenchée vne infinité & monceau innumbrable d'ennemis & faſcheries, & vne ſemence de vices totallemẽt arrachée, pource qu'ilz ont oſte toute auidite de pecune, & l'vſaige auſsi d'icelle de leurdict republicque.

¶ Qui eſt celuy qui ignore, que quand pecune ſeroit miſe hors de la fantaſie des hommes, & qu'elle ſeroit totalement contennée & deſpriſée, que pareillemẽt ne fuſſent abolis & ancãtis fraudes, larcins, rapines, proces, tumultes, noiſes, ſeditions, meurtres, trahiſons & empoiſonnemẽtz, qui ſont punis par quotidiens ſupplices, plus toſt que refrenez, pareillement ſi l'vſaige de l'argent eſtoit delaiſſe, qui eſt ce qui doubte qu'a ce meſme inſtẽt ne fuſſent peris & mortz crainctes, ſolicitudes ſoulcis, labeurs, veilles, & pauuretez, qui eſt veue ſeule auoir indigence de pecune, mais croyez que ſi ladicte pecune eſtoit hors du penſement des hommes, pauureté ſeroit ſoubdain diminuée.

¶ Et pour en donner la preuue plus clairement penſe à par toy & conſidere vne année

de ſterilité

de ſterilité, en laquelle eſt aduenu que dix mille perſonnes ſont mortz de faim, ie gage qu'a la fin de ceſte indigẽce & cherté, qui euſt voulu ouurir les guarniers des riches qu'on l'euſt trouué autant de grains qu'on euſt peu diſtribuer & eſlargir à ceulx qui ſont mortz en paureté, & perſonne ne ſe fut ſenti de ceſte eſcharcete de biens procedant de quelque vice d'air, & imperfection de la terre.

¶ Certes vn chaſcun viuroit bien ayſéement, ſi ce n'eſtoit ceſte benoiſte ſainčte pecune, que on dičt qui fut trouuée, affin que plus facilement on eut acces aux viures par icelle, mais c'eſt celle qui nous cloſt les chemins, & nous trenche leſdičtz viures. Irriſion.

¶ Ie ne doubte poinčt que les riches meſmes ne ſachent & entendent bien, que l'eſtat ſeroit meilleur, & qu'il vauldroit mieulx n'auoir deffaulte des choſes qui ſont neceſſaires a la vie humaine, q̃ d'abõder en pluſieurs biens ſuperfluz, & qu'il ſeroit trop plus conuenable au requoy & tranquillité des hommes, d'eſtre exempté & deliuré d'une infinité de maulx, qu'eſtre enuironné de grandes opulences & richeſſes.

* Ie ne doubte poinčt que l'eſgrrd d'vn chaſcun à ſon proffit, ou l'authorité de Ieſus Chriſt noſtre ſaulueur) qui par ſa grande ſageſſe ne pouoit ignorer ce qui eſtoit treſcommode aux mortelz, ne pour ſa grande & parfaičte bonté ce dequoy il eſt plain ne euſt ſceu

conſeiller

cõſeiller choſe qui n'euſt eſté treſbõne) n'euſt deſia aiſéement attiré tout le monde aux loix de ceſte republicque Vtopienne, ſi ceſte ſeu le beſte orgueil, qui eſt prince & pere de tous aultres vices n'y reſiſtoit.

* Ceſtui prend ſa felicité, & exalté ſon eſtat, non point de ſes proffictz, mais des incommo ditez d'aultruy, il ne vouldroit obtenir la pla ce d'vn dieu, pour eſtre priué de la dominatiõ ſur les pauures miſerables, leſquelz il tient ſoubz ſon empire, & ſe mocque d'iceulx, affin que ſa felicité, quand a la comparaiſon des mi ſeres & calamitez des pauures, ſoit plus exaul ſés, & en plus grande magnificence, & apres auoir mis au vent ſes richeſſes, il tormente & mette en detreſſe les indigentz pour leur de faulte & neceſſité.

* Ce ſerpent infernal, pource qu'il eſt ſi a- uant fichees es penſées des hommes qu'il n'en peult eſtre aiſéement eſlongné & arra- ché, tient le ſiege en ce lieu, affin que les hu mains ne puiſſent eſlire meilleure voie, & les retarde ainſi que le poiſſon nommé remora, qui detient & targe les nauires à ſon plaiſir. Ie ſuis ioyeulx que ceſte maniere de republic que laquelle ie deſire a toutes aultres nations & eſt eſcheue aux Vtopiens, qui ont enſuiuy ſi bonne forme de viure, par laquelle ilz ont ſi bien fondé leur republicque, & ſi heureuſe ment, qu'elle ſera perdurable, ainſi qu'en peu uent deuiner les hommes par coniecture hu

maine

humaine. Puis que le vice d'ambition auec les aultres que i'aydeuāt dictz, ſont forclos d'Vto pie, il ne fault pour craindre qu'entre les citoyens il ſourde quelque diſcord. Certes am bition à eſte cauſe de la perdition de maintes villes opulentes, & treſbien munies Puyſque còncorde y regne auec bonnes meurs prinſes & entretenues par cōſeil & raiſon, croiez que l'enuie de tous les princes voiſins, qui ya cuidé faire entrée, mais en à eſté repouſſée, ne peult metre au deſarroy ne troubler l'empire Vtopien. apreſque raphael eut recité ces matieres, acoit ce que maintes choſes me vinſſent en la memoire, qui me ſembloyent bien mal eſtablies, quand aux meurs & loix de ce peuple Vtopicque, & ſpecialemēt de leur ma niere de faire la guerre, touchant auſſi leurs ſacrifices & religion, & aultres ſtatutz de quoy ilz vſent, pareillement de ce qu ilz viuent en commun, ſans aulcun commerce & traphicque de pecune, (qui eſt le plus principal fondement de toute leur inſtitution) ſans luſaige de laquelle pecune toute nobleſſe, magnificēce, dignité, gloire & maiſté, qui ſont les vrayz ornementz, l'embelliſſement & l'honneur d u ne republicque, ſelon la commune opinion.

¶ Toutefois pour ce que ie cognoiſſois que le dict Raphael eſtoit las de deuiſer & compoſer de ceſte Iſle Vtopienne, & auſſi ie n'auois pas l'experience, ſil euſt voulu endurer qu'on euſt diſputé contre ſes propos, & ſpecialement i'auoys encore recordatiõ qu'aulcũz auoiẽt esté reprins de luy a ceste cause, quilz craignoient quasi, qu'ilz ne fussent estimez assez saiges. Comme il disoit silz n'eussent trouue quelque chose, en quoy eussent peu confuter les inuentions des aultres pourtant apres auoir loué la doctrine & enseignement des Vtopiens, & extollé sa harengue ie le print par la main & le mene souper dens mon logis luy disant que nous aurions vne aultre foys loisir & opportunité de penser plus profondement de ces mesmes choses, & d'en cõferer ensemble plus largement, que pleust à dieu que quelque fois le cas aduint. Or comme ie ne puis me consentir a toutes les choses qui furent dictes de ce personnaige, combien qu'il fust sans cõtrouerse & different scauantissime, & fort expert aux affaires humainnes, ainsi ie cõfesse facilemẽt q̃ beaucoup de cas sont en la republicque des Vtopiens que ie desirerois plus vrayement estre en noz villes de pardeca, que ie n'espereroys.

FIN DV SECOND ET DERNIER LIVRE.

Cy fine le deuis & propos dapres diſner, de Raphael Hythlodeus, touchant les loix & meurs de l'Iſle d'Vtopie, qui n'eſt encore àgueres de gens congneue, mis en elegance latine par illuſtre, treſdocte, bien renõmé perſonnaige le ſeigneur Thomas Morus Chancelier d'Angleterre, & tourné en langue Françoyſe par maiſtre Iehan Le Blond.

Eſp[illegible]ir en mieulx

NE SOIS OFFENCE amy lecteur, si en ceste mesme petite tradiction, tu troues oultre les loix & reigles de tourner quelque oeuure, que iaye aulcunefois vsé de Paraphrases. Ie lay faict pour rendre les sentẽces de lautheur plus intelligibles. Et consequemment si en traduisant i'ay ramené en nostre vsaige frãcois certains termes infrequẽtz On ne se doibt mal contenter si vn personnaige faict renaistre & reduit en cours quelques vacables trouuez en autheurs Idoines, & sil sefforce donner noueaulte aux parolles anciẽnes, & ne souffre totalemẽt perir les motz qui par la coulpe des temps sont tournez en desacoustumance. En sorte que si nous n'vsiõs que de termes vulgaires & communz à chascun, nostre langue nen enrichiroit d'vn flocquet, & fauldroit tousiours faire comme les tabellions & notaires, qui en leurs actes ne chãgent ne ne muent de stille.

Au lecteur.

AFIN QVE TV NE PENses Ami que de mon priué,& seul iugement ie t'ay mis en lumiere en nostre langue ceste description de l'isle d'Vtopie considerant comme il est escript que l'homme ne se doibt appuier sur son priué sens & prudence & aussi que au tesmoignage de deux ou de trois toute chose doibt estre arrestée non content du seul tesmoignage de Thomas Morus qui premier a redigé en latin ladicte descriptiõ ie me suis grandement fondé sur ce que defunct de bõne & immortelle memoyre mõsieur Bude en a dict en vne epistre cy apres inserée, traduicte de latin en nostre langue par laquelle on peult congnoistre combien iceluy tant pur & excellent iugement d'homme a estimé ce petit liure digne d'estre leu chose qui me sera, comme i'espere enuers tout bon esprit argument suffisant de n'auoir temerairement & sans conseil par priuilege de la court de Parlement mis en lumiere ce liure en quoy duquel i'ay pretendu, comme de tout autre mien labeur,faire chose qui soit a l'vtilité & proffit de la republicque. A dieu.

S'ensuit la table des chapitres du premier & second liure de la description de l'Isle d'Vtopie & premierement.

Fin de la table des chapistres sommaires contenuz en ce premier & second liure de la description d'Vtopie.

Sensuit

S'ensuit la table des matieres contenuz en ce premier & secõd liure de la description del'Isle d'Vtopie & premieremẽt.

O iiii Il exprime

Vtopi

L'utilité

Les

Comme

Fin des tables du premier & second liure de la description de l'Isle d'Vtopie.

Faultes

Faultes suruenues a l'impression.

Fueillet	Faultes	Lisez
F 3	frequentatiã	frequentatiõ
18	que	ne
22	ligue	ligne
23	fi	ſi
25	rounera	tournera
41	infidelemét	indifferãmẽt
49	loſſice	l'office
eodem	cheuent	cherchent
eodem	preſent	priſent
eodem	miont	n'ont
50	le commence	ſe comméce
eodem	villes viuent	villes ne
eodem	diuers	dinées
52	tandre	taindre
58	volupre	volupté
59	contentent	contemnent
eodem	inuitateur	imitateur
73	ſublecte	ſubiecte
eodem	ſe la	ſi la
97	victore	victoire
99	odre	ordre
100	pierres	prieres
101	quad	quand
eodem	moutir	mourir
103	ſour	ſont
104	grrde	garde
79	dacquite	d'equité
80	promeſſe	proueſſe

* F I N.

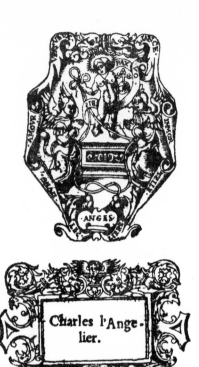

Charles l'Angelier.